アウグスティヌスを どう読むか

日韓のはざまで

<ruby>文<rt>ムンジョン</rt></ruby><ruby>禎顥<rt>ホ</rt></ruby>

かんよう出版

目　次

序論 ……………………………………………………………………………… 5

第1章　真理探究者―カシキアクムの対話篇を中心に
1. はじめに ……………………………………………………………… 9
2. 『アカデミア派駁論』―神の存在は認知されうるのか ………… 11
3. 『至福の生』―至福につながるこの世の生とは何か ………… 14
4. 『秩序』―この世における神の秩序はあるのか ……………… 20
5. 『ソリロキア』―魂の不滅は証明できるのか ………………… 24
6. アウグスティヌスの初期哲学の構造から学ぶ ……………… 26
7. おわりに ……………………………………………………………… 32

第2章　観想者―『告白録』を中心に
1. はじめに ……………………………………………………………… 35
2. アウグスティヌスの観想を語る前に ………………………… 36
3. ミラノでの観想 …………………………………………………… 38
4. オスティアでの観想 ……………………………………………… 42
5. 記憶探究と欲の探究における新しい観想の可能性 ………… 45
　5.1. 記憶探究 …………………………………………………… 45
　5.2. 欲の探究 …………………………………………………… 48
6. 「天の天」の理想的観想 ………………………………………… 50
7. 新しい観想の試み ………………………………………………… 54
8. アウグスティヌスの観想の特徴と意味 ……………………… 56
9. アウグスティヌスの観想から学ぶ …………………………… 63
10. おわりに ……………………………………………………………… 67

第3章　教会の戦士―『洗礼論』を中心に
1. はじめに ……………………………………………………………… 69
2. ドナティスト論争の歴史的背景 ……………………………… 70
3. ドナティスト派の主張 …………………………………………… 74
4. ドナティスト派の主張に対するアウグスティヌスの論駁 … 76
　4.1. ドナティストの矛盾について ………………………… 76
　4.2. 教会の古い習慣について ……………………………… 77

3

4.3. キプリアヌスの行動について ……………………………………… 78
4.4. 洗礼について ……………………………………………………… 80
4.5. 教会と教会分離について ………………………………………… 82
5. アウグスティヌスの論駁における彼の攻撃性とその思想的背景 ………… 85
6. アウグスティヌスの教会の戦士としての姿から学ぶ ……………… 90
7. おわりに ……………………………………………………………… 94

第4章　アウグスティヌスの読まれ方—日韓のはざまで
1. はじめに ……………………………………………………………… 95
2. 韓国におけるアウグスティヌス研究 ………………………………… 96
3. 今日韓国のキリスト教会の一面 ……………………………………… 98
4. 日本におけるアウグスティヌス研究 ………………………………… 101
5. 今日日本のキリスト教会の一面 ……………………………………… 103
6. アウグスティヌスの学びから見えてくる日韓の両教会の課題 ………… 106
7. おわりに ……………………………………………………………… 109

結論 ……………………………………………………………………… 111

注 ………………………………………………………………………… 115

引用文献 ………………………………………………………………… 135

あとがき ………………………………………………………………… 139

索引 ……………………………………………………………………… 141

表紙カバー
「カバのアウグスティヌス」
（フィリップ・ド・シャンパーニュ、ロサンゼルス・カウンティ美術館蔵）

序論

　ある人の人物像を描くことは決して簡単なことではない。なぜなら、その人が生きていた時代や、その人が受けた教育や思想的人格的影響や、その人が経験した出来事や出会った人たちや、その人が残した記録や作品などについて、さらにその人と関わっていた周りの人たちの証言や評価などあらゆる資料を参考にして、総合的にかつ客観的に記述しなければならないからである。そうしてその人の人物像を作り上げるとしても、その人物像の中にはその人と全く関係のない第三者の主観的解釈や評価が混じり込むことによって間違った印象を与える可能性もある。これらの理由により人の人物像を完璧に再構成することは、現代の画家が古代のある偉人の肖像画を描く際、その偉人に関する諸々の情報を収集し最終的に自分の想像や解釈を吹き込むように、もしかすると不可能な作業であるかもしれない。

　ましてやアウグスティヌス（A.D. 354 ～ 430）のように哲学とキリスト教において重要な意味をもつ人物について本格的に紹介することは、気が遠くなるような大作業である。アウグスティヌスにおいてローマ帝国のラテン語圏の教会とギリシア語圏の教会という二つの教会伝統が一緒に伝承され、ギリシア古典文化とキリスト教という二つの文化が合流する[1]といわれているが、このような歴史的思想的意義をもつ彼の人物像を描くというのは、そういう思想的背景とともに彼の数多くの著作を取り扱わなければならないことを意味するのである。

　幸いにも、アウグスティヌス研究の長い歴史を通して、彼の人物像を紹介する多くの書物がこの世の中に出されてきた。日本人の研究者によって書かれた優れた書物も少なくないが[2]、ここではまだアウグスティヌスについてよく知らない読者に筆者が読んだ書物の中ですすめたい本を三つほど紹介しよう。

　一つ目は、P. ブラウンの『アウグスティヌス伝（上、下）』である。この書物は、アウグスティヌスの生涯、当時の歴史的背景、彼の思想の発展過程、彼の著作の内容など、彼に関連するあらゆる情報を彼の人生の年代順に沿って幅広く紹介する傑作として知られている。しかし H. チャドウィックによって指摘されたように P. ブラウンの『アウグスティヌス伝（上、下）』は伝記としては

5

優れたものの、神学がないという欠点があると知られている[3]。

　二つ目は、A. アマンの『アウグスティヌス時代の日常生活』である。この書物は、アウグスティヌスが生きていたローマ帝国末期のヒッポとカルタゴの自然と、その社会的風景、当時の人々の日常生活、そしてその中で一人の司教として生き、また一人の人間として暮らしていたアウグスティヌスの姿を再現することを目的として書かれたものである。このように当時の日常の姿を表すのに重点をおくため、アウグスティヌスの思想的背景については、P. ブラウンのものほど詳しくはない。

　最後は、ポシディウスの『聖アウグスチヌスの生涯』である。著者のポシディウス（Possidius）はアウグスティヌスがヒッポの司祭となった391年頃、アウグスティヌスとともに修道院で共同生活をした彼の弟子である。その後397年カラマ市の司教の座を継ぐためにその共同生活を離れる。428年バンダル族がアフリカに侵入した際、すでにアウグスティヌスが司教として活動していたヒッポに避難してきたポシディウスは、430年アウグスティヌスの臨終に立ち会う。アウグスティヌスの死後2、3年経った頃、ポシディウスはアウグスティヌスの生涯と徳行を知らせるためにこの書物を書いたと推測される[4]。この書物は、キリスト教の真理と当時のカトリック教会のため、神の僕として忠実で清貧な人生を生き尽くしたアウグスティヌスの牧者としての像を表している。ポシディウスによって書かれた伝記は、学問的なレベルで書かれたものではないが、アウグスティヌスと親交のあった人を通して見られる人物像に関するものであるため、アウグスティヌス研究において重要な資料として評価されている。

　以上のように、広くアウグスティヌスの人物像を概観する書物を三つ紹介したが、これらの書物が提供する基本的な知識を踏まえて、本書は限られた時期と限られた著作に探究の焦点を合わせることによってより近くでアウグスティヌスの姿を見ることを試みたい。そのため、本書が描く彼の姿は、アウグスティヌスの人物像の一部として位置付けられるであろう。その姿というのは、真理探究者（いわば教義神学者）、観想者（いわば神秘神学者）、教会の戦士としての姿である。

　真理探究者や観想者は、キリスト教へ回心する前から心酔していた異教的な背景のプラトン哲学をキリスト教において生かしていく姿である。アウグスティヌスは基本的に生涯にわたって真理探究者と観想者として生き続ける。この

ような生き方によって魂の不滅や観想や質料論など数多くの哲学的事柄が生み出されるのである。

　それに対して、教会の戦士は396年司教の職務を引き受けてから、当時のカトリック教会とその秩序を守るために戦っていた司教（牧会者）の姿である。彼は教会の組織の中で活躍することによって理性の力による救いから神の恩寵による救いを強調するようになるなど思想の中心が変わっていくとともに、当時カトリック教会にとって脅威となっていたドナティスト（分離派）やペラギウス主義者たちとの対決・論争を続ける。特にそれらの異端派の拡大による脅威からローマ帝国とカトリック教会の統一と秩序を守るため、国家権力を用いるなど、彼の姿は一見過激に変わっていくようにみえる。そのような戦いから彼の恩寵論、予定論などの教義は、堅固に確立されつつあったのである。

　ところが、本書で議論する真理探究者、観想者、そして教会の戦士としてのアウグスティヌスの姿は、伝統的なキリスト教会、特に保守主義的スタンスの信仰者たちからすると、あまり見たくない、教えたくないアウグスティヌスの姿なのかもしれない。なぜなら、一般的に知られている恩寵論、予定論、教会論のように教会を支え、信仰を養うのに役立つと信じられてきたものとは違って、この三つの姿には福音の意味やプロテスタント教会のアイデンティティにゆさぶりをかけるような一面もあるからである。しかしながら、見たくないこれらの姿を見つめることによって、むしろ、伝統的な信仰の意味をより豊かにするだけでなく、様々な問題を抱えている今日の日韓のキリスト教会の今の自画像を見、教会の新しい未来を切り開いていける勇気と知恵を学ぶこともあるであろう。さらに、この三つの姿がアウグスティヌスの人物像の一部分にすぎないとはいえ、これらの姿をキーワードにして彼の著作を読み、彼を理解しようとすることは、アウグスティヌスの読まれ方の一つにもなると考えられる。以下のように全部4章からなっている本書が意図しているのも、真理探究者、観想者、教会の戦士というキーワードを用いた、アウグスティヌスの読まれ方なのである。各章を簡単に紹介しよう。

　第1章は、すでに回心したアウグスティヌスが洗礼を受けるまでカシキアクムという田舎の別荘で386年11月から翌年4月頃の間に書いた初期のいくつかの著作、すなわち『アカデミア派駁論』、『至福の生』、『秩序』、そして『ソリロキア[5]』の中に出てくる真理探究者の姿について論じる。

　第2章は、司教になった後書いた『告白録』（397 – 401）の中に表れる386

年回心前の観想体験から『告白録』執筆当時までの観想的試みを通して、観想者としての彼の姿の変化について議論する。

　第3章は、ドナティストという異端派による教会分裂と彼らの間違った主張（再洗礼）に対する論駁のために書かれた『洗礼論』（400 - 401）の中に描かれている教会の戦士としての姿について明らかにする。

　そして、第4章は日本と韓国におけるアウグスティヌス研究と日韓両教会の現状について紹介する。約15年間日本で暮らしている外国人の筆者の目には、日本では主に研究者の間で真理探究者や観想者としてのアウグスティヌスの思想が注目されてきたように見える。それに対して、韓国におけるアウグスティヌスは、主に神学校や教会において、異端の思想から真理と教会を守る戦士として確かに評価されてきた。ここでは真理探究者、観想者、教会の戦士というアウグスティヌスの三つの姿に照らして日韓両教会の問題とこれからの課題を提示する。

　ついでながら、各章において日韓両教会に対する批判的コメントや提案などは、筆者自身が普段感じていたことを主観的に表現した単なる小考であるため、同意しない読者もいるであろうが、両教会の発展を切に祈る筆者のキリスト教的愛の表し方として受け止めていただくことを願ってやまない。

第1章 真理探究者―カシキアクムの対話篇を中心に

1. はじめに

　宗教や信仰に関心をもち、理性的に納得しようとする人なら、おそらく一度は次の四つの問いに共感し、少なくとも一つ以上は似たような問いを投げかけたことがあるであろう。

①「神が本当に生きているなら、神の存在を認識することができるのか」（神の存在は認知されうるのか？）

②「神の国があるとしたら、その至福につながるこの世の生とは何なのか」（天国に入るために、具体的にどう生活すればいいのか？）

③「疑問や不条理をたくさん抱えているこの世において至福の生を生きようとする者にとって、神の秩序（摂理）は何なのか」（善良な人が犯罪や事故や病に遭遇した際、神様の導きをどのように理解すればいいのか？）

④「永遠に続く至福の生があるなら、そこで生きる魂の不滅の根拠は一体何なのか」（あの世で永遠に生きることを信じたいけれど、分かりやすい根拠はあるのか？）

　神認識、天国につながるこの世の生、この世における神の摂理、魂の不滅の根拠に関するこれらの問いは、簡単に答えられるものではない。むしろこれらの問いに対して、理性的に深く考えれば考えるほど、多くの人は理性の限界を超える大きな壁のようなものにぶつかってしまう。そのため、特に自分に正直で大胆な人は懐疑主義や無神論に近い世界観に同調することもあるであろう。「信仰による救い」を最高の教理として信じる多くの教会指導者たちは、理性的に納得しようとする信徒たちがそのような壁に屈しないように、おそらくイエスの復活を否定していた弟子トマスの前に現れて言ったイエスの次の言葉を繰り返し、強調するであろう。「（イエスの復活を）いまだに見たことがないけれど、すでに信じている人は幸いである[6]。」（Beati, qui non viderunt et crediderunt!)

　信仰を失わないがために、理性的に納得しようとする行為を止めるべきであろうか。理性は信仰を妨げるものなのであろうか。アウグスティヌスは宗教や信仰においてもっとも根本的なこれらの問いと真剣に向き合う。そして、神の言葉（聖書）を信頼しつつ、自身の理性の力を用いて自分自身に納得のいく答えを見出そうと思考を働かせるのである。4世紀後半から5世紀初めにかけて古代キリスト教を代表し、中世から現代にいたるまで数々の信仰と思想の礎を築いたアウグスティヌスがどのように考えていたかを追求するのは、現代教会の様々な問題や課題について考える際、参考になるのではないかと考える。

　いかなる動機で彼がこのような探究に取り組んだのかというと、それは、386年8月32歳の時、キリスト教へ回心という特別な体験（神の愛の体験）をしたことである。つまり、真理探究の動機というのは、回心の際に経験した神の愛だったということである[7]。その後、同年11月頃からアウグスティヌスはミラノ近郊のカシキアクムの山荘で翌年3月頃まで、彼の母、息子、親戚、友人、弟子など8人[8]で小グループ隠棲生活、すなわちキリスト教的哲学の生活を始める[9]。そしてこの世の空しい欲望を放棄して、自分のすべてをかけてその哲学的隠居生活に情熱的に取り組む。彼はその一行との対話の形式で対話篇と呼ばれる三編の著作、すなわち『アカデミア派駁論』、『至福の生』、『秩序』と、自分との対話の形式で独白録とも呼ばれる『ソリロキア』を著す。この四編の著作[10]は、まさに上記の四つの根本的な問いに答えているものである。

　本書の第一章は、この四編の著作の主な哲学的議論とその過程をできるだけ詳細に紹介し、その議論から真理探究者としての彼の哲学の構造と哲学に取り組む姿について述べる。そして、真理探究者としてのアウグスティヌスの姿から学べる現代教会の課題について考察する。ところが、回心前後にして当時プラトン哲学（新プラトン主義）に心酔していた[11]、キリスト教的プラトン主義者[12]としての彼の初期の哲学的議論は、プラトン哲学的要素と新約聖書的要素（パウロの思想）が入り混じっていて、伝統的なキリスト教の信仰から見れば多少異質的に見えるところもあるであろう。それにもかかわらず読者はその議論をゆっくり読んでいくうちに、上記の根本的な問いに答えようとする彼の思惟の緻密さによって引き出されるキリスト教的哲学の深さにきっと共感するに違いない。

第1章　真理探究者―カシキアクムの対話篇を中心に

2.『アカデミア派駁論 [13]』―神の存在は認知されうるのか

　カシキアクム山荘でのアウグスティヌスはまだ洗礼を受けていなかったが、彼の一行とともにこの世の空しい欲望をすべて捨て、キリスト教徒の静かな生活を始めていた。そういう生活の中で彼は特にこの世のすべてのものを差し置いて、神によって与えられる究極的な至福を求め、真理探究に専念する。それはこの世のあらゆる欲望や不安の束縛から解放され、神（真理）探究に専念することによって、生まれ変わった自分に戻るという身もだえのようなものでもあった。

　さらに彼にとって、キリスト教における真理探究を深刻に妨げ、自分の思考を懐疑主義に縛り付けるもう一つの障害物から自分を解き放つことも大きな課題だった。懐疑主義に縛り付けるその障害物というのは、キケロ（B.C.106 年～ B.C.43 年）のアカデミア派の哲学である。キケロの教えは、神（真理、知恵）の存在自体を否定はしないが、知性の限界を持っている人間にとってそれはいつも不確実であり、認知されえないため、それに関する何ものにも同意したり、認めたりしてはならないという一種の懐疑主義であった。つまり、神の存在を認めるとしても明確に知りえるのではないため、神に関する教説はすべて不確かなものとして、絶対的なものになってはいけないことを強調する思想だったのである。こうなると、多くの人にとって、神は生きているとしても、人間には正確に正しく理解できないため、神を探究すること自体が無意味になってしまいがちである。それで、アカデミア派の懐疑主義は、真理は見つけられないものだという誤解を与え、当時真理探究に関心をもっていた多くの人を真理探究への絶望に陥し入れていたのである。実はアウグスティヌスも、回心の前384 年（29 歳）、ミラノで一時期新アカデミア派の懐疑主義に惹かれたことがある。そして、その懐疑主義の教えがキリスト教における真理探究の邪魔ものとして働きかけていた。彼は、その教えを自分の内面から退け、キリスト教において真理が見つけられることを証明するため、可能な限り堅固な諸根拠をもって『アカデミア派駁論』の執筆に至るようになったのである。

　アウグスティヌスが問題視していたキケロの懐疑主義思想を簡単にまとめると次の通りである（I,3,7）。
①いかなる真理も人間によって認知されえない。

②知者（sapiens）には真理の熱烈な追究以外に何も残されていない。

③もし知者が探究の対象である真理に関する不確実な教説に同意するならば、たとえ探究の対象が真理であろうとも、知者は誤謬から自由にならない。

④したがって、知者は探究の対象が真理であろうとも、認知されえないものであるならば、それに同意してはいけない。

⑤それにもかかわらず、知者は真理の発見に到達できなくとも、真理を追究して生きるならば至福である。

　アウグスティヌスによると、アカデミア派のこの主張は二つの命題から成るという。一つは哲学（知恵への探究）に属する事柄に関する限り、真理（知恵）に達するということは人間には不可能であること、つまり何ものも認知されないという命題である。もう一つは、それにもかかわらず人間は知者でありうるし、知者は真なるものを探究しなければならないという命題である。この二つの命題に基づき、当時のアカデミア派の知者たちは懐疑主義者でありながらも、真理の発見に注意深く力を尽くしていたのである。

　アカデミア派の人たちは真理の知識に達することは人間には不可能だということの根拠として、哲学者たちの不一致、感覚の錯覚、誤謬推理、誤謬連鎖法などを挙げる。これらの根拠により、もし誰かが不確かに認知されるはずの何かに対して同意するなら、必然的に誤謬に陥ってしまう。したがって、彼らにとって、何かを臆測（opinatio）することよりも愚かなことはないのである。その何かに同意することは慎むべきであり、その何かに対して同意を差し控え、是認しないことは知者の取るべき行為である。それこそ価値あることであるという（II,5,11）。

　真理は知りえないといいながらも真理を探究すれば知者になりうるというと矛盾しているように見えるが、このような思想をアカデミア派の人たちは次のような論理をもって正当化する。つまり、真理はいかなる場合も発見されえないという自分たちの主張を、容認・承認されうること（probabilitas）、ありそうな（probabilis[14]）こととして捉える（II,9,23; III,3,5）。その容認・承認されうる、ありそうだという自分たちの主張を、真実のようなこと（vērisimilitūdō）、真実のように見えること（verisimile[15]）としても捉える（II,11,26）。そして、真理は覆われ秘められていて決して認知できないと考えるのに、実生活において彼らは、真理発見に大いに注意深く力を注ぎながら、容認・承認されうるものやありそうなもの（probabile）として、真実のようなもの（verisimile）と

第1章　真理探究者—カシキアクムの対話篇を中心に

して現れる何かに従おうとするのである（III,1,1）。

　真理は絶対知りえないが、存在するために、真理そのものを求めて、容認・承認されうるものやありそうなものとして、真理のようなものとして探究し続けるという一見矛盾しているような真理探究の姿勢は、価値多元化社会を生きる現代のわれわれにとっても謙虚で冷静なものとして映るであろう。しかし、真理を知りえないという無知の同意に基づいているこの懐疑主義の教えは、結局あいまいなままの真理を探究する者の意欲を奪ってしまいがちである。

　このように、真理発見の不可能性を容認・承認されること（probabile）として理解したアカデミア派のこの思想は、アウグスティヌスの心にも叩きこまれ、それによって探究する意欲を失い、怠慢となってまったく無為の状態になったことがある（II,9,23）。今はキリスト者として、真理（神の知恵）であるキリストに従うアウグスティヌスにとって、真理を知りえないものとして捉えるアカデミア派の思想の問題は、真っ向から衝突してくる危険物で、必ず克服すべき課題なのである。というのも、アカデミア派の主張通りに、真理自体についてはそれが何であるか絶対知らないとすれば、キリスト教におけるイエスキリストという明確に啓示された神的知恵を信じ、その信仰に同意し、その信仰に従って生活における行為の基準や規範を立てることも、愚かなこととして知者の慎むべきことになってしまうからである。

　それで、アウグスティヌスは、キリストが真理であり認識される探究の対象であるという確信をもって、アカデミア派の思想を払拭するため、次のような幾つかの点において駁論する。

　第一、真理について何ものも知らないという主張に反論する。彼は学問[16]（学問的真理）が神の法であり、不変的なものであると認識しながら、自然学や弁証論などの学問を学ぶことによってそれを学ぶ者の精神の中にその知識は所有されるようになるという。精神の中にその知識を所有することは、真理が精神の中で見いだされ、知らされるということを意味する。よって、真理に関して何ものも知らないという主張は間違いである（III,3,5; III,10,23; III,13,29）。

　第二、アウグスティヌスは、アカデミア派の教えの矛盾を指摘することによって反論する。彼によると、知恵が認知できないとしても、人間は知者でありうるというアカデミア派の主張、つまり真理は見出されないといいながらも、大いに努力して真理を探究しているということは矛盾であり、憶測であるという。結局アカデミア派の知者は何も知らないことになると批判する（III,4,10）。

第三、アカデミア派の容認・承認されるもの、ありそうなものに従うことの問題をも指摘する。彼によると、容認・承認されうるもの、ありそうなものに従うことは目的地に至らないこともありうる。そして、この容認・承認されるもの、ありそうなものの概念は、人によって誤解され、悪用される可能性もあるという。たとえば、ある人が自分の行為を容認・承認されうるもの、ありそうなものとみなし、その行為を真理（真なるもの）として同意さえしなければ、過ちや犯罪に該当するとしても非難されずに犯される危険性を伴いかねない。他人の妻と不倫することは容認・承認されると考え、その行為が真なるものだと同意さえしなければ、その行為は誤ったこと、罪を犯したこととして非難されなくなってしまうのである（III,15,34; III,16,35; III,16,36）。

　このように、アカデミア派の懐疑主義的主張を駁論する中で、アウグスティヌスは結論として自分の意見を提示する。

　第一、真なるもの（真理）を知らなければ、容認・承認されうるものや真実のようなものを認めることも、それに従うことも不可能である（III,18,40）。

　第二、そして、真理を探究する者は少なくとも何かを知ることができるということ、知恵自体を認知し見出すことができるということこそが、容認・承認されうること、ありそうなことであり、真実のようなことである[17]（III,14,31; III,14,32）

　第三、したがって、知者が少なくとも知恵自体に同意してはならないという理由は全く存在しない。知恵に同意することは決して憶測ではなく、容認・承認されうること、ありそうなこと、真実のようなことである。むしろ知者が知恵を是認しないことが奇怪なことである（III,14,30）。

　こうした議論を通して、神（真理、知恵）の存在は認識できるという確信をもつようになったアウグスティヌスは、神は認知されえないというアカデミア派の懐疑主義を、自身の心から遠ざけるようになるのである。

3.『至福の生』─至福につながるこの世の生とは何か

　真理発見への確信をもって、アウグスティヌスはあの世の至福につながるこの世の至福の生について議論する。

　アウグスティヌスがいう至福の生を理解するためには、魂の糧を理解することから始めなければならない。彼にとり人間は魂（anima[18]）と身体（corpus）

第1章　真理探究者─カシキアクムの対話篇を中心に

から構成されており、どちらかをなくしては存在することができない。魂と身体の複合体としての人間において身体を支える糧（食物）が必要であるように（2,7）、魂を支える糧も必要である。その糧というのは知識（scientia）、すなわち学知（disciplīna、術 ars）だとアウグスティヌスは強調する。魂がこの糧に満ち足りていない状態だとすれば、それは悪い状態であり、一種の不毛、魂の飢餓として理解される（2,8）。したがって魂は健全で有益な栄養物である学知で満たされることを望まなければならない。というのは、至福の生とは、魂が真理探究によって学知で満たされる過程と深く関わるからである。

　普通クリスチャンにとって、魂の糧は主に聖書の言葉であると信じているが、当時キリスト教の世界に入ったばかりのアウグスティヌスは、聖書だけでなく、古代ギリシャ哲学のように学問的真理も神に属する不変的なもの、神聖なものとして受け止め、キリスト教の中で哲学的アプローチを試みていた。キリスト教に深く関わるにつれて彼の思想は変わっていくが、このような試みはキリスト教の信仰からすると当然異質的なことである。ここで看過してはいけないことがある。それは、キリスト教の中での哲学的試みが単なる異質的なものに過ぎないのではなく、キリスト教の思想と信仰をより豊かにする部分もあるという点である。そういう意味で、この世の至福の生に関する次の哲学的議論を考察する価値はあるであろう。

　アウグスティヌスにとって至福の生は、不変的なものである学知と密接に関わっている。ここではこの世における至福の生が、学知を生み出す神を所有することと深く結びつけられていることについて焦点を当てることにする。学知と神との関連性については、次の4節と5節で述べたい。

［この世において神を所有することについて］

　①神を所有することとは、あの世の不変的な存在としての神を所有することである。

　至福という究極的な幸福については人それぞれ異なる観念をもっているが、彼にとって至福というのはプラトンの思想のように、イデア界のような神的世界で永遠に善く生きることであり、人間はこの至福に至ることを欲する存在である（2,10）。しかし、もしそれを欲しても至福に至らなければ、悲惨であるという（2,11）。つまり、欲するものの中で最も究極的なものとして、永遠の命のようなあの世の不変的なものを所有しない人はいかなる人であれ究極的に至福ではありえず、それゆえ、欲するもの（滅びないあの世のもの）を所有し

15

ない人はすべて結局悲惨だといえるのである (2,11)。たとえ、欲するものが
この世のもので それを誰かが所有しているとしても、その人は必ずしも至福で
あるといえない。なぜなら、欲して所有するようになったものはいつか滅びる
この世のものだからである。至福になるためには、永遠の命を与え、常に存続
するものである神(真理、知恵) を所有しなければならない。この神を所有す
る人こそ至福なのである (2,10、2,11)。

　②神を所有することは、理性の目で神を観ることであり、それはこの世のあ
らゆる束縛を断ち切ることを前提とする。

　すると、神を所有することはどういうことなのかという問いが生じる (2,12)。
アウグスティヌスによると、神を所有するとは、理性が神を所有すること、も
う少し具体的に言えば、理性の働きによって真理を探究し、その理性の目で神
を観ることを意味する (3,17)。そして、理性が神を所有するというのは、神
が欲することを自分も欲し、神の御心にかなうことを成すことを、そして自分
の魂をすべての悪徳と罪から清め、神に心を向け、ただ神だけに帰依すること
を前提にする (3,18)。このような人が神を所有する人なのである。

　③しかし、神を所有することは、まだ神のところに辿り着いていないことを
意味する。

　神を所有することの意味から明らかになるように、理性の正しい働きは、禁
欲の生活、罪と悪徳から清められた生活、神に対する絶対依存の姿勢を前提に
している。ところが、神を探究している人が汚れていない魂をもち、神が欲す
ることを行い、善く生きるとしても、その人はまだ神のところにたどり着いて
いない (nondum ad Deum pervenit)。そのため、厳密に言えばまだ神を所有
しているといわれるべきではない (nondum habet Deum)。したがってよく
生きている人だからといって必ずしもすべて神を完全に所有しているというこ
とにはならないのである (3,19)。

　④神を所有することは神に慈しまれることでもある。

　よく生きている人も結局のところ神を所有していないため、悪人と同じく悲
惨ではないかという疑問が出てくる可能性もある。しかし、それは究極的な悲
惨ではない。アウグスティヌスによると、たとえまだ神のところに着いておら
ず、完全に神を所有していない人だとしても、もし自分の理性を働かせ神を探
究し精神の目で神を観ようとするなら、その人は、神に慈しまれるようになる
という。ここで神に慈しまれるというのは、恵み深い神を所有することを意味

第1章　真理探究者—カシキアクムの対話篇を中心に

し、そのためその人は至福であるといえる。こうして理性の働きで神を探究することによって、すでに恵み深い神を所有するようになった人は至福になる。一方、矛盾するように見えるが、探究する人が恵み深い神を所有するとしても、究極的に欲するものをまだ所有していないため、つまりまだ神のところに完全に着いていないため、厳密に言えばまだ神を所有しているといわれるべきではない。

　⑤（③と④のまとめとして）神を所有することは、まだ究極的には神のところに着いていないが、神探究によって神に慈しまれていることを意味する。

　したがって、探究によってよく生きている人は皆必ずしもすべて神を完全に所有するということにはならず、そのためいまだ至福でないといわざるをえない（3,21）。この議論において「まだ神を所有していない」と「すでに神を所有している」という二つの矛盾する事柄が表れる。前者は、まだ究極の目的地に着いておらず、最終的に神を所有していないため、まだ至福でなく、悲惨であるということで、後者は、それにもかかわらず探究している人は恵み深い神を所有する（神に慈しまれている）ため、至福であるということである（3,21; 3,22）。言い換えれば、神探究によって神に慈しまれている現在は至福であるが、まだ探究の過程で神にたどり着いていない未完了状態は悲惨だということである。キリスト教の信徒は、祈りや讃美を通して心の平安と神の愛を経験しながらも、現実の生活においては罪の問題や試練などを経験するが、このような経験からも、アウグスティヌスが言う「至福であると同時に悲惨である」という意味を理解できるであろう。

　⑥（⑤と関連して）恵み深い神のみを所有することは、究極的には神を所有していないためまだ窮乏であるが、この世的な窮乏には支配されないことを意味する。

　アウグスティヌスは、至福であると同時に悲惨であることの意味を「窮乏」（egestas）という言葉をもって解こうとする。彼によると、恵み深い神を所有しているとしても、まだ神のところに着いていないことは、窮乏している状態である（3,22）。これはこの世的な窮乏ではない。真理を探究する知者(sapiens) はその身体に必要なものを欲するが、その魂（animus）はこの世的な窮乏、すなわち身体に必要なものの欠乏、苦痛、死などを恐れず、それらに影響されない。その窮乏によって決して打ち砕かれることもない。そのため、この世的な何かを欠いたからといって窮乏することはなく、悲惨になることも

17

ない。このように、知者の魂（animus）はこの世的な窮乏によって打ち砕かれず、それによってこの世的な何かに窮乏していないという意味で完全であるといえる（4,25）。

それに対して、身体に必要なものにおいて窮乏していない人がすべて至福であるということにはならない（4,24）。それはこの世において窮乏ではない人も、知恵に窮乏している場合もあるからである。知恵に窮乏していることより大きな、より悲惨な窮乏はない。反面、知恵に窮乏していない人は、この世の野望を断ち切り、罪と悪徳から清められた生活に専念し、ひたすら神に対する絶対依存の姿勢で生きるため、この世において身体に必要なものの欠乏、苦痛、死などを恐れない。それゆえ、その人はこの世のいかなることにおいても窮乏するはずがないのである（4,27）。

⑦恵み深い神を所有することによって魂の規範である知恵（神の子）を所有するようになり、それは神を究極的に享受することにつながる。

アウグスティヌスは、人間の至福を決定する知恵（真理）の反対概念として「愚かさ」（stultitia）をあげるが、窮乏と悲惨の意味は、この愚かさを通してより明確になる。愚かさは、知恵を欠いていることを意味するため、魂の窮乏（egestas）として理解され、知恵を欠いている愚かな人はすべてひどい窮乏に苦しみ、悲惨であるという（4,28; 4,29）。

この議論を続ける中、アウグスティヌスは、至福をもたらす知恵の意味をより明確に説明するために、知恵を欠乏している状態である窮乏（悲惨、愚かさ）と対照的な状態について述べる。窮乏と対照的な状態とは、「充実」（plenitudo）という。無能力を非存在として、有能を存在するものとして捉えるなら、窮乏の場合においては愚かさが非存在であり、充実の場合においては知恵が存在である（4,30; 4,31）。

この充実において重要な意味がある。それは過多でも、過少でもない節度と節制である。充実において、節度と節制が欠けているなら、つまり過多であったり、過少であったりするなら、充実は規範を欠くことになる。しかし、アウグスティヌスが考える充実とは、知恵に満たされているものとして、規範を欠いていない状態でなければならない。愚かさが知恵の窮乏であるのに対して、知恵というのはこのように過多でも過少でもなく、規範をもつ充実なのである（4,32）。この知恵が魂の規範（modus、尺度）に他ならないという（4,33）。そのため、アウグスティヌスは理性を通して可能な限りこの知恵自体を説明し究

第1章　真理探究者—カシキアクムの対話篇を中心に

明しようとしているのである。

　知恵自体を究明する魂は、このように魂の規範として過多でもなく過小でもない知恵によって、均衡を保ち、過多にまたは過少にならないようになる。言い換えれば、魂は知恵自体に寄りすがり、空しい事物に魅せられて人を欺く幻影のほうに自分を向きかえないことによって、いかなる無節制も、窮乏も克服するようになるのである。

　真理を探究し、恵み深い神を所有する人はいかなる人であれ、魂の規範であるこの知恵を所有することになる（4,33）。そして、この知恵を所有することによって、神を所有するようになる。というのは、この知恵は神の知恵である神の子であり、神の子は神だからである。この知恵は真理とも呼ばれるが、真理は最高の規範（summus modus ＝神）によって存在し、最高の規範も真理なくしては決して存在しないのである。魂がこの真理によって最高の規範を認識しそれに達することは、究極的に神を所有することであり、神を究極的に享受することである。そのような人は至福なのである（4,34）。

　⑧結論としてこの世における至福の生は、イエスキリストを神の知恵として信じるキリスト教の中で実現可能である。

　しかし、当時この世で真理を探究していたアウグスティヌスは、繰り返し自分と自分の一行がまだ真理そのものによって、充実によって満ち足りることなく、最高の規範である神に達していなかったという。それゆえまだ知者でもなく、至福でもないと告白する[19]。それにもかかわらず、今そうだとしてもこの世においても自分の魂の十分な充実、すなわち至福の生（beata vita）を得ることができると強調する。その生は次の三つの問いを認識することと関わる。

　つまり至福の生とは、(i)魂が誰によって真理へ導かれるのか、(ii)いかなる真理を享受するか、(iii)何によって最高の規範と結び付けられるか、ということを敬虔にかつ完全に認識することによって得られるということである[20]。この三つの問いに続く文脈からすると、アウグスティヌスにとって(i)の問いにおける「誰によって（a quo）」は、イエスキリストを神の知恵と信じるキリスト教の教会に属していた母と司教アンブロシウスを指し、(ii)と(iii)の問いにおける「いかなる真理（qua veritate）」や「何によって（per quid）」というのは、三位一体における神の知恵である御子イエスキリストを、そして(iii)の最高の規範は三位一体の父なる神を意味すると考えられる。要するに、キリスト教の教会に属する人たちとキリスト教が教える三位一体を通して至福の生に至ることがで

19

きるということである。彼はこの三つの問いが、これを理解する人々に、空しいさまざまな迷信を排除して唯一の神と唯一の実体を明示すると強調する（4,35）。

この世の空しい欲望を放棄し、ひたすら神を求めていたアウグスティヌスは、このように『至福の生』で、神を探究する人がこの世においては究極的にまだ神のところに着いていなくても、神探究によってすでに恵み深い神を所有し、知恵そのものである御子を所有するようになると確信していた。そして、キリスト教を通して示された神の知恵（御子）を通して最高の規範（神）につながることについて探究し、認識することを、この世における最高の快楽の生（至福の生）と見なし、それを切に追い求めていたのである。

4. 『秩序』─この世における神の秩序はあるのか

この世で至福につながる生を追い求めて生きる人が、善なる神によって造られたこの世において、悪をはじめ、様々な不条理なことを見るとしたら、果たして神が造り主として関わっているのか、神の秩序（ordo 摂理）が働いているのかと疑問を投げかけることもあるであろう。

ここで紹介する『秩序』という書物には、この世における神の秩序と、不条理という悪の問題についてのアウグスティヌスの見解が語られている。特にアウグスティヌス一行の中で弟子リケンティウスとの議論が目立つが、リケンティウスが考える秩序について簡略にまとめ、その次にこの世における神の秩序はあるのかという問いに対してアウグスティヌスがどのように答えるのかについて探ることにしよう。

まず、秩序についてのリケンティウスの意見である。彼にとって、秩序は善いものでもなく悪いものでもない中間的なもの（I,6,15）として、神に由来し、神とともに存在し、神によって愛されるものである（I,7,17）。神によって造られたすべてはこの秩序によって支配されている（I,10,28; II,1,2）。リケンティウスが言う秩序は、何かの原因のようなものである。たとえば木の葉が地面に落ちたことは、偶然ではなく、何かの原因によってそのような現象が起きるが、秩序というのは、木の葉が落ちる原因のようなものである。そのため、リケンティウスは秩序を原因の秩序（causarum ordo）と呼ぶのである（I,4,11）。彼によると、秩序の外には何もない、秩序を外れては何事も起りえず、原因な

第1章　真理探究者─カシキアクムの対話篇を中心に

しには何も生じない（I,3,9; I,4,11; I,5,14; I,6,15）。誤謬も原因によって生じるため、秩序の外ではなくその中に含まれる（I,6,15）。神によって愛されない悪もそれ自体としては一つの秩序だといえる（I,7,18）。つまり、善なるものと同じく悪なるものも秩序に支配されるということである（II,1,2）。リケンティウスの見解が正しければ、秩序が神に由来し、神に愛されるものであるがゆえ、秩序に含まれる悪も神から由来し、神によって愛されることになってしまう。このような帰結は当時神を最高の善として探究していた彼にとって受け入れがたいことだったため、次のように補足する。つまり神が悪を愛するということは秩序に属するのではないが、神が善を愛し、悪を愛さないということは偉大な秩序だという（I,7,18）。そして、神に愛されない悪もそれ自体としては一つの秩序であり、秩序を外れては悪は存在しないといい、秩序の外には何も起こらない、原因なしには何も起こらないという考えを堅守しようとする。

　このように主張する弟子リケンティウスの見解を聞いて、アウグスティヌスは、秩序の外には何も生じないというのは、結局悪もいくら弁解しても神の秩序に含まれてしまうという深刻な問題から逃れないと批判する。さらにリケンティウスは、悪が神の支配と関係なく、神の秩序に由来しないことを表すため、悪が始まった後から秩序も始まったともいうが、彼のその言葉に対しても、アウグスティヌスは、問題点を指摘する。つまり、悪が始まった後から秩序も始まったという言葉は、悪が秩序の外で生じたということになり、このことは結局何ものかが神の支配である秩序の外で生じることができたことを認めることになるとリケンティウスの誤りを指摘するのである（II,7,23）。秩序に関するリケンティウスの見解は、このように、悪が秩序（神の支配）の中で起きることによって神を悪の造り主としてしまうというジレンマも、何ものかは秩序の外で起こりうることによって神の秩序の欠陥が認められてしまうというジレンマも抱えているのである。

　リケンティウスとの議論を踏まえて、アウグスティヌスは、『秩序』において神の秩序（摂理）がすべての善と悪とを含むかどうかという大きな問題を取り扱う。悪に関しては、罪としての悪ではなく、この世の不条理としての悪だけが議論として取り上げられる。罪としての悪を省いたのは、『再考録』（I,3,1）で彼が語っているように、討論に携わった人たちを理解させるのが困難だったためである。彼は『秩序』においてこの世の不条理としての悪の問題が神の支配としての秩序とどのように関わっているかについて、これから議論していく

探究の秩序から（de ordine studendi）解明しようとしている。この探究の秩序というのは、人が自分の人生においてそれを保持しておくならばその人を神へ導くものとして理解される（I,9,27）。

この探究の秩序について究明するためには、まず学問を探究し、その学問を作り上げることができる魂の理性とその働きについて考察しなければならない。

アウグスティヌスにとって、理性は、学んだものを分離したり、結合したりすることのできる精神の運動である（II,11,30）。彼は理性について語る際、理性的なこと（rationale）と合理的なこと（rationabile）を区分する。理性的なことは理性を用いること、もしくは理性を用いることができることを意味する。それに対して合理的なことは、理性によって言われ、なされた何かである。理性は理性を用いる理性的なことから、理性によって生み出される合理的なものへ進んでいくのである（II,11,31）。こうして合理的なものとして現れるものの一つが学問である（II,12,35）。

例えば、文法学、弁証論、修辞学などの学問（自由学科）の研究によって、合理的なものはそれぞれの領域において進歩されたのである（promota est. II,13,38）。アウグスティヌスによると、これらの学問から得られた合理的なもの（学知）を通して、理性はさらに神的事柄自体を認識する至福な観想（真理を直視し享受する行為）を試み、その至福な観想において神を所有するための道と秩序を苦労して備えるようになったという。こうして理性は感覚に妨げられてもこの道と秩序において神的美を直接見出そうとするのである（II,14,39）。

アウグスティヌスは、合理的なものとしての学知とその学知を通して直視する神を数として表現する。彼によると、観想のため用いられたこれらすべての学問的真理は数的なものとして現れたという。数的なものというのは、読者にはあいまいで理解しにくいものであろうが、まるで数の概念のように、音楽のリズムのように秩序づけられた合理的な論理として理解されうるであろう。特に理性はこれらのすべての学問において神性な数（numerus）を見つけたが、これが秘められたもので、真理のすべてをあらわにしてくれる神的で不変的で永遠なもので、自分が到達しようとするところにあるものなのである[21]。つまり、この数は、多としての人間が帰還すべき一としての存在、すなわち、不変性と一性[22]という本性をもつ唯一の神を意味するのである。理性はこの数の助けによって、すべての学問を組織するようになったという（II,13,38 〜 II,14,41; II,15,43）。

第1章　真理探究者—カシキアクムの対話篇を中心に

　神的で不変的な数によって可能になった学知を、アウグスティヌスは神の法そのもの（disciplina ipsa Dei lex, II,8,25）と呼ぶ。この神の法は、神のもとにつねに留まっており、知者の魂の中に写しとられているものである。そのため、知者はそれを理解することによってこの法をより完全に観想すればするほど、いっそうよりよくより崇高に生きることを知り、かの最高の規範である神に向かって何らかの仕方で飛躍し、そこに到達するようになる。このようにアウグスティヌスは、学知の中で数的なものや数を見つけ、それを永遠で神的なものとして理解し、それを観想することでより神に近づくようになるという異質的な思想をもっていたのである（II,8,25）。つまり、彼にとって学知は人間を哲学へ導くものとして捉えられていたということである。

　アウグスティヌスは、学知を通して行われるこのような哲学には二つの要素があるという。一つは魂、すなわち自分自身に関わる要素であり、もう一つは神、すなわち魂の根源に関わる要素である。前者は自分を知り、自分を至福な生に値する者となし、後者は神を知り、人を至福な者となるように導く。ここで一つの哲学の構造が明らかになる。それは学知を通じて、自分と神を知ることによって、至福につながるという構造である。彼はこの構造を知恵探究の秩序（ordo studiorum sapientiae）と呼ぶ（II,18,47）。自分を知り、自分の根源である神を知るという探究の秩序を保持し、哲学に従事する魂は、まず自分を調べる（II,18,48）。その次に魂が自分を秩序づけて、調和のある美しいものとした時は、神を観ようとし、神の美を観ることができるのである（2.19.51）。

　人はこの探究の秩序によって、事物の秩序を理解するにふさわしい者となる（II,18,47）。つまり、それは以下のようなことを指す。探究の秩序において神を観る人は、人間を悩ます様々な問題、例えばこの世で理解しがたい様々な矛盾、不平等、苦しみ、将来自分の祈りが叶えられるかどうかの問題などがいつ、いかにして起きるのかをよく見る。同時に、それらの部分（様々な問題）に関わっていても全体（神の秩序）をもよく見極める。そして、探究の秩序において神を観る人は、たとえ部分においてではあっても、部分が構成する全体がはるかに優れたものであることを理解する。部分において気にいらないものがあるとしても、その部分が驚くべき仕方で調和しているところの全体を見ていないことだけが気にいらないといい、その部分の様々な問題の理解に苦しむことはない（II,19,51）。また、すべてのものは秩序によって生ずることは必然であることを認めながらも、秩序の源泉である神に祈ることをむなしいとは思わな

いということである（II,19,51; II,5,14）。このようにアウグスティヌスは、探究の秩序を究明する中で、部分としてのこの世の諸問題を、全体としての神の秩序（摂理）において理解することによって、この世における神の秩序はあるのかという問いに答えようとするのである。

5. 『ソリロキア』──魂の不滅は証明できるのか [23]

　引き続き、アウグスティヌスがこの世においてどのような根拠をもって魂の不滅を証明しようとするのかについて考察したい。彼の魂の不滅について理解するためには、真理がどのように認識されるか、真理がどこを居場所としているのかについて述べる必要がある。

　アウグスティヌスは、『ソリロクィア [24]』において、自身と自身の「理性 [25]」との対話形式の探究に取り組む。この対話形式の探究の目的は、『ソリロクィア』のテーマである「神と魂を知りたいです [26]」という願望を通して表れているといえる。アウグスティヌスにとって、神と魂を知ることは、真理を認識し、把握することによって可能である。「理性：だからまずそれ(真理)が認識されなければならないし、それ（真理）を通してそれら（神と魂）が認識されうるのである [27]。」実は彼が語る魂の不滅の生とは、ただ存在すること（esse）にとどまるものではない。不滅の生において存在するのは生きる（vivere）ためであり、生きるのは真理を知り（scire）理解する（intellegere）ためである。それが至福の生なのである。「しかし君は存在するのは生きるためであり、生きるのは知解するためである [28]」（II,1,1）。

　すると、どのように真理は知解されるのであろうか。彼は神としての真理（veritas）を、被造物としての真なるもの（verum）との関係において認識しようとする（I,15,27）。この二つの関係は、真理は真なるものにとって存在の根拠であり、真なるものは真理によって存在させられるものである（I,15,27）ということから説明できる。このような関係からすると、真理が存在しなければ、真なるものも存在することはできない。しかし、真なるものが滅びて存在しなくなるとしても、真理は滅びることはない（I,15,28）。このような滅びない真理はどこに存在するのであろうか。アウグスティヌスによると真理は物体（corpus）でないため、滅びうる場所の中（in loco）や事物の中（in rebus mortalibus）には存在しない（I,15,29）という。したがって、必然的に真理が

24

第 1 章　真理探究者—カシキアクムの対話篇を中心に

存在するところは、非場所的で不死的なもの（res immortales）でなければならない（I,15,29）。そして、真理の本質から推論すると、真理が存在する非場所的で不死的なところは、真なるものでなければならない（I,15,29）。この条件に当てはまる真理の居場所としてアウグスティヌスは魂を取り上げる。要するに、真理は魂を居場所とし、そこにおいて存在するため、真理が見つかり、認識されるのは魂においてだということである。

　真なるもの（魂）とそれを居場所とする真理（神）との関係について説明したが、これだけでは魂の不滅は証明されない。そのため、続けてアウグスティヌスは人間の知性によって把握されるもう一つの真なるものについて論じる。それは学問[29]（disciplina）である。彼は真なるもの[30]である学問と、同じく真なるものである魂との関係を通して、魂の不滅性論証を試みる。

　彼によると、神が不変的で知性的存在であるように、知性によって把握される学知も、不変的で知性的なものであるという。学知は神と根本的な差はあるものの、英知的なものだということである（I,8,15）。たとえば幾何学において極小の円の中に、間隔がとても狭い二つの平行線を円周から中心に向かって引くと想像してみよう。そして二つの線の間に実際たくさんの線を引いてみると、結局線と線はくっついてしまう。しかし、理論上は無限に線を引いても線と線の間には中心以外では決して接触することなく、無数の線が引かれることが可能である。さらにそのすべての線と線の間にたくさんの円を描くことも理論的には可能なことであろう。このように理論上成立される学知というのは、感覚（肉眼）ではなく、知性によって把握されるものであり、不変的で知性的なものである（II,20,35）。彼は、知性によって理解されるこの学知を真の学問という（II,11,19）。学知が真の学問になるのは、真理そのものによってである（II,11,21）。そして、真理そのものの光によって、学知は照らされ、理解されうるものになる（I,8,15）。

　アウグスティヌスは、知性によって理解される学知と魂の関係を、樹とその形・姿の不可分離的関係に、太陽とその光の不可分離的関係に例えて説明する。樹からその形と姿を、そして太陽からその光を切り離すことができないように、魂という受け皿（subiectum）から学知を分離させることはできない（II,12,22）。この二つの不可分離的関係から考えると、受け皿に不可分離的に存在するものがつねに存在し続けるならば、受け皿自体もつねに存在し続けることは必然的である（II,13,24）。このように、受け皿とその中に存在するものの関係におい

25

て一方がつねに存続するならば、他方も必然的に存続するということは、その不可分離的関係から推論される論理的帰結なのである。この論理的帰結により、魂を受け皿とし、その中に存在する学問的真理がつねに存在するならば、受け皿である魂もまたつねに存在することになる[31]。つまり、学問的真理が魂につねにとどまるがゆえに、魂も不滅な存在になるのである[32]。

　アウグスティヌスによると、どんな学知であれ、それは人間の知性によって保持されている真理であるため、つまり受け皿である魂の中に分離し難く存在し、滅びえず、つねにとどまる真理であるため、魂の永遠の生は疑われないという[33]（II,19,33）[34]。「もし滅びえない真理が魂の中にも存在すると論証されるならば、魂は不死であることが信じられるわけだ」（II,18,32）。

　ところが、魂と学問の不可分離的な関係から、魂の不滅性が論証されるとしても、魂には自身のうちにあるその真なるもの、不変的なもの（学知）を見つけ出さなければならない課題が残されている。するとその課題は何であろうか。それは、まず滅びない真なるものを宿している魂が滅びゆくものではない自分の存在について自覚しつつ、自身に立ち返らなければならないことである。そして、魂の知性によって保持されている学知（II,20,30）、すなわち内なる人間の忘却に埋もれている学問的真理[35]を学ぶことによって掘り出さなければならないことである[36]。また、虚偽に注意しながら、自身が掘り出した学知の中で、その基準となり、その輝く光を垣間見せ、いつも一つで不変のままに存在し続ける真理の全体像（totam faciem veritatis）を十分に見極めるまで内的精神は探究を続けなければならない（II,20,35）ということである。かくて魂は身体が滅びた後、真理の完全な直視による至福の生、永遠な生を迎えるのである（II,20,36）。その永遠な生において、魂の不滅というのは、魂が存在しつづけ、生きつづけ、知解しつづけることである。このように、アウグスティヌスが語った、学知と魂との不可分離的関係を通して論証された魂の不滅性と、あの世の不滅の生における知解しつづけることの意味は、彼に、この世の空しい欲望を投げ捨て、神を探究する哲学的生に専念させる動機と決断をもたらしたのである。

6. アウグスティヌスの初期哲学の構造から学ぶ

　以上、カシキアクム山荘で著した四編の著作のそれぞれの主な議論を検討し

第1章　真理探究者─カシキアクムの対話篇を中心に

てみた。ところが、聖書を読んでいる人ならだれでも彼の思想にはキリスト教的でない要素があることに気づき、人によってはそれをどう受けとめていいのか戸惑う場合もあるであろう。アウグスティヌスの思想にそういう異質的な要素が加わったのは、彼が回心の前からプラトン哲学、特にそれをほとんどそのまま引き継いだプロティノスの哲学[37]（新プラトン主義）に大いに影響を受けていたからである。回心を通してキリスト者になったばかりの彼は、そのプラトン主義が哲学のうちで最も光に満ちた教えとして（『アカデミア派論駁』III,18,40）、最も秘められた神を啓示すると約束し、そうすることができるとまで信じていた（同上 I,1,3）。そして、プラトン主義者たちの間でもキリストの教えと矛盾しないものが見出されうると確信していた（同上 III,20,43）。そんな彼にとってプラトン主義の教えは、新約聖書の使徒パウロの思想と対立することはなかった（同上 II,2,5）。カシキアクムでの真理探究の後、彼はプラトン主義とキリスト教の相違を強く自覚するようになるが、この時期の彼の思想はこのように両者の一致を確信していたのである[38]。それゆえ、この時期の著作のあらゆるところでキリスト者からすると異質的な要素であるプラトン主義の用語や思想が採用され、彼の議論の中でも重要な位置を占めるようになったのは当然であろう。

　特にキリスト者にとって問題視されるところは、学問的真理に関する思想であろう。アウグスティヌスは、学知を単なる知識や真理と理解するにとどまらず、それを魂の糧（『至福の生』2,8）、英知的なもの（『ソリロクィア』I,8,15）、常にとどまる真理（『ソリロクィア』II,19,33）、神的で永遠なもの（『秩序』II,14,14）、神の法そのもの（ipsa Dei lex、『秩序』II,8,25）と呼ぶなど、行き過ぎたような印象を払拭することができない。

　また不変で不滅な学知が魂という受け皿から不可分離であり（『ソリロクィア』II,12,22）、そのため魂は不滅だとも強調しているところ（同上 II,19,33）や、学知を宿している魂が自分に立ち返り、忘却に埋もれているそれを学ぶことによって掘り出し、さらにそれを通して、神を直視し、永遠の生につながるという思想は、プラトン哲学に彩られたなじみのないものである（『ソリロクィア』II,20,35; II,20,36;『秩序』I,8,24; II,5,14）。このような彼の初期思想は、特に伝統的で保守的なキリスト教の信仰においては受け入れ難い。彼も晩年に書いた『再考録』でその時の自身の思想がプラトン主義的で、不適切なところもあったと認め、学知に対する考えを含め、幾つかの箇所に修正を加える[39]。

キリスト教の福音主義者や保守派の人たちは、アウグスティヌスのこういう初期哲学の特徴を理由として、神学教育や信仰教育において有益でなく、混乱を来すと懸念し、意図的に除外しようとしてきたのではないだろうか。筆者自身も保守的な信仰を重んじる韓国の神学校や教会で、『告白録』、『三位一体』、『神の国』といった司教になった後の彼の代表的な著作については学んだ記憶はあっても、初期アウグスティヌスの思想についてはほとんど聞いたことはない。それは日本のキリスト教界においても同じような事情ではなかろうか。彼の哲学の難しさのゆえかもしれないが、純粋なキリスト教の信仰に合わないため、避けている部分も否定できないであろう。しかし、アウグスティヌスの初期哲学がそのような特徴をもっているとしても、キリスト教の教育と信仰においてまったく無益だと思い込み、それをねこそぎ切り捨ててもいいのだろうか。

　筆者は、以下に述べるいくつかの点を通して、彼の初期哲学が現代キリスト教の信仰のために有益なところもあり、そういう意味で正しく評価されなければならないと考える。アウグスティヌスの初期思想を表している四編の作品には、キリスト者が看過してはいけない重要な事柄がある。それは、哲学への愛、肉的束縛との決別、自己と神への帰還、理性に対する信頼、キリストの権威の強調などである。これらの事柄はアウグスティヌスの初期哲学の構造を理解するためにも欠かせない重要なポイントであるとともに、キリスト教の信仰をより強くより深く養う要素でもある。このことについて少し考察してみよう。

　この章で取り上げてきた四編の著作は、各々一つの問いに関わっていることを読者にすでに明かした。つまり『アカデミア派駁論』においては「神は認識されうるのか」、『至福の生』においては「あの世につながるこの世の至福の生とは何か」、『秩序』においては「この世の生における秩序（摂理）はあるのか」、『ソリロクィア』においては「魂の不滅は証明されるのか」という問いである。これらの問いに関わるアウグスティヌスの議論は、単なる好奇心からではなく、真理（知恵）への切実な愛（哲学）から出るものであった。

　元々ギリシャ語に由来するラテン語 philosophia（哲学）は、接頭語 philo-（愛する）と、女性名詞 sophia（知恵）からなる。この語源からすると、哲学は知恵を愛するという意味をもつことがわかる。アウグスティヌスが生きていた時代にも、哲学は知恵への愛（amor sapientiae）、もしくは知恵の学び（studium sapientiae、『アカデミア派駁論』III,9,20）と理解されていた。

　当時彼にとって知恵は真理・神を意味し、知恵への愛の実現として彼は哲学

第1章　真理探究者―カシキアクムの対話篇を中心に

に取り組んだのである。そして、哲学することは、神を知ることを愛し、神を知る前段階として自分を知ることを愛することに他ならない。言い換えれば、彼にとって哲学することは神に帰ること（神への上昇）を愛することであり、神に帰るための前段階として自分に帰る[40]こと（自己への帰還）を愛することだったのである。このように神と自分を知り、神と自分に帰ることを愛するというアウグスティヌスの哲学は、回心の時に体験した神のアモール（愛）に動機付けられて、同時に神に対する自分の愛に促されて、全身全霊で理性を働かせ、愛の神を認識する至福の生を営み、究極的には神の国に帰還することを切に求める、魂の内的活動である。この哲学を妨げるのは、肉体の感覚によって起きる様々な問題、つまりこの世のあらゆる悪徳、罪、不必要な欲望、不安という内面の束縛である[41]。決して外部の敵ではない。アウグスティヌスは、いかなる不幸も死も恐れない姿勢で内面のすべての束縛から解放され、そうすることによってその束縛と神との間で自分の存在が引き裂かれるのを避け、徳と節制をもって清められ、美しくなってひたすら哲学に専念することを、哲学の最高頂点と信じ、自らそれを目指して徹底的に哲学に臨んだのである。彼にとって哲学することは、キリスト教の神の愛に動機付けられたため、キリスト教によるものと理解され、同時にその神に求められていたため、キリスト教に帰ることを意味したのである（『アカデミア派論駁』II,2,4; II,2,5; II,3,8; II,9,22;『至福の生』1,4;『秩序』I,8,23; I,11,32）。

　哲学すること、すなわち自己と神を知ること、自己と神に帰ることは、理性によって可能であると彼は強調する（『秩序』II,18,47;『アカデミア派論駁』I,1,1; II,2,5）。理性は、人間の内部のあらゆる束縛を征服し、自ら節制し、自分を支配することができるものである（『アカデミア派論駁』2.9.22)。理性はそうすることによって清められなければならない義務がある（『至福の生』3,18)。このような理性こそ、神を見出し把握することができ、魂がより安全に天に帰還することを保証するのである（『アカデミア派論駁』II,9,22）。

　ところが、彼は、人間の理性の力を認めるものの、完全な理性の状態で哲学をし、神を直視する人はきわめてまれだ[42]という（『アカデミア派駁論』I,7,21）。そして、唯一の真の哲学であるプラトン哲学も、最も精密な理性的推論も、誤謬によって盲目となり、肉欲によって汚れている魂（理性）を不変的で知性的なあの世へ導くことができないともいう。しかし、魂がいかなる哲学によっても不変的で知性的な至福の生に至れない場合、神の憐みとキリストの

権威（Christi auctoritas）によって導かれなければならないという（『アカデミア派論駁』III,19,42;『秩序』II,5,15; II,9,27）。彼にとって、信仰を必要とするキリストの権威は、知恵を学ぶにおいて欠かせない最も強い力である。彼は自身もこの権威から決して離れることができないと告白する（『アカデミア派論駁』III,19,42;『秩序』II,5,15; II,9,27）。ここで明らかになるのは、真理に至るにおいて二つの道があるということである。つまり理性の力による道とキリストの権威に頼る信仰による道である。アウグスティヌスは、学知を用いて真理を探究する理性と、信仰を必要とするキリストの権威を示しているのである。この時期の彼は、決して信仰を否定しない。むしろほとんどの人にできない哲学に代わるものとして、最も安全な道としてキリストの権威と信仰の道を提示する。このように、強力なキリストの権威を強調しながらも、ブラウンが指摘するように、386年から391年まで、理性が自力によってイデア界へ上昇できるという異教的プラトン主義の自律の伝統をも否定しなかったのである[43]。

　要するに、回心の直後、カシキアクム山荘での彼の哲学は、プラトン哲学に大いに影響された一方、回心の時に体験した神の愛とキリストの権威に基づき、神（真理）への切実な愛をもって、自分の内部のあらゆる束縛を離れ、全身全霊で理性としての自分と自分の存在の根拠である神に帰るという構造をもつのである。彼の哲学は、彼がキリスト者としての自覚をもちつつ、プラトン哲学を用い、独創的に真理探究を行ったことによって生まれたものである。そのため、多少キリスト教の信仰から考えれば異質的で受け入れがたい部分もある。だからといって彼の哲学的試み自体をキリスト教の信仰において間違いで無意味だと批判し、それを切り捨ててしまうと大切なものを見落としかねない。むしろ次の三つの点において彼の哲学は評価されなければならない。

　①彼の哲学的試みは、彼の思想発展において通らなければならなかった一つの過程であり、その過程を経て、彼の生涯において数多くの優れたキリスト教的著作が生み出されるようになる。もしカシキアクムでの彼の哲学的試みがなかったなら、その時から約12年後に書かれた、キリスト教史における最高傑作の一つともいわれる『告白録』の執筆につながることはなかった可能性もある。カシキアクムでの彼の主な哲学的議論、つまり魂と神を知ること、理性としての自己と自己の根源である神に帰ることは、まさに『告白録』全体を支配するテーマであり、彼の多くの著作の中に浸み込んでいる主要思想なのである。

　②アウグスティヌスの哲学に臨む姿勢で、つまりこの世のあらゆる不安も不

第 1 章 真理探究者—カシキアクムの対話篇を中心に

幸も自分の死さえも恐れず、それらの束縛に縛られず、清く美しい魂の姿（理性）をもって徹底して自分と神を知ろうとする姿勢で、理性による救いの道の可能性を開いたことは、一見キリストの権威を否定するような印象を与える。しかし、彼は内面のあらゆる束縛に縛られ自分の理性だけでは真理に至られないほとんどの人にキリストの権威を強く勧めているのは、見逃してはいけないところである。実は彼が理性の力を用いて全身全霊で自分と神に帰ろうとしたのは、人間の救いのために十字架で死んだキリストの愛を信じ、救いをもたらすキリストの権威に頼るという信仰に基づいていることを看過してはいけない。あらゆる不幸も死も恐れない不屈の精神は、彼にとって、キリストの愛と権威に対する信仰に強く関わるものである。すべてのキリスト者に押し付けることはできないが、この不幸も死も恐れない精神はキリスト教会の中で失われることなく、次の世代に受け継がせるべきものの一つであろう。

　③初代教会の使徒時代の後、教父たちは当時のヘレニズム文化の影響を受けることによって、聖書以外の精神が教会に流入するようになり、2 世紀中葉からキリスト教とヘレニズム文化の交流が一層進展する。特に、ローマ帝国によるキリスト教弾圧に対して、ギリシャ哲学を用いてキリスト教の真理を弁護する弁証家たちが現れた。例えば、ギリシャ哲学はキリストに至る準備段階だといいキリスト教弾圧の不当さを訴えた 2 世紀のユスティノスや、ギリシャ哲学とキリスト教を統合していた 3 世紀のクレメンスとオリゲネスは、理性の働きを強調するギリシャ哲学を用いて、キリスト教の真理を弁証しようとした[44]。すでに弾圧が終わりキリスト教がローマ帝国の国教になった四世紀の初め頃、当時アウグスティヌスの理性の働きを強調する哲学も弁証的特徴を有すると考えられる。本章で取り上げられた四つの問い、つまり、『アカデミア派駁論』においては「神は認識できるのか」、『至福の生』においては「あの世につながるこの世の至福の生とは何か」、『秩序』においては「この世の生において秩序（摂理）はあるのか」、『ソリロクィア』においては「魂の不滅は証明されるのか」という問いに対して、アウグスティヌスが最終的にキリストの権威という答えにつなげているところに注目しなければならない。そういう意味で彼の哲学はキリスト教の真理を弁証するための試みでもあるのである。

　このように、理性の力で真理に至ろうとする異質的な要素があるにもかかわらず、アウグスティヌスの初期哲学は『告白録』という優れた著作につながる思想発展の過程にあることから、そしてこの世の不幸も死も恐れない精神がキ

31

リストの愛と権威に対する信仰に関わることから、また理性の働きを強調することは弁証的特徴を有することから、評価されるべきなのである。これらの点から現代教会が学び、反省すべきものもあるであろう。

「（イエスの復活を）いまだに見たことがないとしても、すでに信じている人は、幸いである。」と弟子トマスに語ったイエスの言葉は、証拠がなければ何も信じようとしない態度を批判するものであって、理性の目で神を観ようとすること、つまり理性としての自分に帰り、理性としての自分で神に帰ろうとすること（哲学）を否定するものではない。現代教会に少し欠けているのは、全身全霊で神を観ようとすること、不幸も死も恐れず神に立ち返ろうとすること、清く美しい理性をもって信仰の事柄を理解しようとすることなどではないだろうか。理性の目で神を観ようすることこそ、すなわち理性的に神を知り、理解しようとする哲学（知恵への愛）こそ、その時代の思潮との対話の中で常にキリスト教の真理を新たに解釈することを妨げる盲目的な信仰や堅い教理の殻を打ち破るものではなかろうか。キリストの愛と権威に頼りつつ純粋な理性としての自分で神を観ようとし、そうすることによってより確かな信仰を求めようとする者も幸いなはずである。そういう意味で次のイエスの言葉のように、神を観ることは信仰の目指すべき目標であろう。

「彼らは清い心によって幸いである。なぜなら彼ら自身が神を観るであろうから。」（Beati mundo corde, quoniam ipsi Deum videbunt.）（マタイによる福音書 5:8）

イエスのこの言葉において「神を観る」に導く清い心とは、トレルチがいう禁欲的「心の浄化[45]」として捉えることもできるだろうが、神を観ることは純粋な理性の目をもって、すべてを投げ捨ててまで自分の内面を浄化しながら強く神を知ろうとすることによって勝ち得られるものであることを示すものだと考えられる。これも教会伝統の中で今まで受け継がれてきたものであり、これからも守っていかなければならないキリスト教の遺産である。現代教会の問題を考える際、このような点がアウグスティヌスの真理探究者の姿から学べるものではなかろうか。

7. おわりに

神は認知されるのか、至福の生は何か、この世における神の秩序（摂理）は

第1章 真理探究者─カシキアクムの対話篇を中心に

何か、魂の不滅は証明できるのかという問いとこれらの問いに対する探究は、思索のレベルで終わるのではなく、キリスト者の実生活に豊かな知恵をもたらすに違いない。アウグスティヌスはキリスト者としてカシキアクム山荘で、神の愛に促され、キリストの権威の下で、それらの根本的な問いに真剣に向きあい、四編の著作の中で表れるように、プラトン哲学を用いて独創的にそれらの問いに答えようと試みた。彼の初期著作から見られる彼の真理探究への情熱、あらゆる内部の束縛との決別、理性による自己への帰還と神への上昇、神への愛とキリストの権威の重要性などは、堅い教理と慣習的信仰のバリアーにこだわる今日のキリスト教会に示唆する部分が大きい。アウグスティヌスの哲学的議論から導き出されるこれらの概念は、信仰の対象である神（真理）を知解することの重要性を喚起させ、真理に対する探究の意欲を目覚めさせ、盲目的な信仰や教理に縛られないようにし、現代的キリスト教弁証に動機と活力を与えるキリスト教の古い伝統であり、今日キリスト教会において、忘れられ、失われつつある遺産なのである。

　次の章では、カシキアクム山荘の哲学的議論から約 12 年経って執筆し始めた『告白録』における彼の観想という神秘的体験について紹介する。

33

第2章　観想者[46]──『告白録』を中心に

1. はじめに

　古代からキリスト教の神学には、大きく教義神学と神秘神学（神秘思想）という二つの側面がある。この二つの神学には三位一体やキリストの受肉などのように重なる領域もあるため、真っ二つに分けるのは困難なところもある。ところが、この二つは、西方キリスト教史において、それぞれ神学と霊性というなじみのある名に変わり、分離・発展するようになる[47]。一般的に神学校で学ぶ組織的学問は教義神学に、教会や修道院などで行われるキリスト教的観想や神秘体験などは神秘神学に該当するといえるであろう。本章は、アウグスティヌスの観想という神秘神学に関する内容である。

　前章では、回心直後のアウグスティヌスの初期哲学と真理探究者としての彼の姿について考察したが、それを彼の真理探究の理論といえるなら、本章で論じる観想という一種の知的かつ神秘的祈りは、彼の真理探究の実践として理解できるであろう。言い換えれば、前章の真理探究の議論は教義神学的側面が目立つのに対して、本章で取り上げる観想は神秘神学的側面を表す。しかし、アウグスティヌスにとって、教義神学的側面と神秘神学的側面は分離しているのではなく、一体になっており[48]、そのため、前章の哲学的議論は教義神学で、本章の観想は神秘神学だと明確に区分したり、アウグスティヌスを真理探究者や観想者として分けたりすることは厳密にいえば誤解を招きかねない。こういうアウグスティヌスの神学の特徴を踏まえたうえで、アウグスティヌスの観想者としての姿を紹介していくことにしよう。

　本章で紹介するいくつかの観想は、カシキアクム山荘の哲学的議論から約10年後、カトリック教会の司教になった彼が3年ほどかけて書いた『告白録』に表れるものに限定する。彼にとって、観想、すなわち神を観ることが何を意味し、それはどのような構造をもつかに注目する中で、我々は彼の独特な観想の世界に触れるようになるであろう。

2. アウグスティヌスの観想を語る前に

　読者にとって観想はどのようなイメージで理解されるだろうか。古代哲学者たちの中でこの特殊な経験をしていた人はごく少ないといわれている。そのため、実際理性・精神の働きによって観想の境地に至った人の書物を研究する人でも、同じ経験がなければその実体を正確に述べるのは難しいのである。キリスト教においては神の臨在を体験する神秘的な祈りを観想と理解し、呼ぶ場合もある。しかし厳密な意味で、理性・精神の力によって行われる観想は宗教における神秘的な祈りと異なる。したがって、真の観想の経験をしたことのない人は、観想を理解したり、言葉で表したりする際、誤謬に陥りがちである。それでも何とかその意味を理解しようとする試みも必要であり、キリスト教的な神秘体験を観想として理解しそれを発展させようとする試みも有意義ではなかろうか。

　観想の意味を分かりやすく説明する方法の一つは、語源の意味を学ぶことであろう。観想の語源はギリシャ語の theoria（$\theta\varepsilon\omega\rho\iota a$）で、この言葉の意味は「見る」である。この theoria から英語の theory（理論）が派生し、西洋では自然科学だけではなく哲学をも含めた学一般の基本姿勢として見ることがそのまま捉えること、理解することを意味するといわれるが[49]、theoria から theory の意味への発展を考えると、見ることによって捉えられ理解された諸知識が蓄積され theory すなわち理論という一つの体系をなすようになったと推測するのは難しくない。こうして組織化された理論は、理性・知性の目で見られることなくしては成り立つのは不可能なのである。哲学において観想は神的存在を観るという行為であるが、神的存在を観ることは、理性・知性の目で観ること、つまり理性的に知性的に把握し、認識することである。特に現代科学においては肉体の五感で捉えられない物事に関しては理性・知性の働きは認められない傾向がある。しかし、古代においては肉体の五感で捉えられない神的存在を含む超自然的世界も理性・知性の力によって捉えられうると強調されていたのである。

　五感で捉えられない神的存在とその世界を理性・知性の目で観て把握するということは、想像がつかないであろうが、本書においては神的存在を観るアウグスティヌスの観想を理解するため、次の例について考えてみたい。1という

数と２という数の間について自分の内面の目で描いてみよう。１と２の間は
1.1、1.11、1.111 というふうに無限に広がることを認めるであろう。このよう
に１と２の間の無限の広がりを見るというのは、実際肉眼で見るというより理
性・知性の力を通して理論的に正しいと認識することである。このように、１
と２の間の無限の広がりを理論的に正しいと認識できるのは、実は基本的な認
識基準というものをわれわれがもっているからである。この認識基準を分かり
やすく説明するために１を１位として、２を２位として理解し、１位は絶対２
位になれなく、２位も絶対１位になれないという前提にしよう。こういう前提
の下では三つの認識基準が考えられる。一つは１と２の間の無限の広がりを理
解する際、１は２より優れて、２は１より劣るという概念が基準になる。もう
一つは、より優れた数とより劣る数の間には優れた点と劣る点の差（隔たり）
が存在するという基準が適用される。さらに優れた点と劣る点の差は 1.1、
1.11、1.111 のように表現されうるという基準も認められる。これらの基準か
らすると、１と２の間の隔たりは無限の広がりであるという認識に至るように
なる。

　実はアウグスティヌスの観想においても、１と２の間の隔たりを見る際の認
識基準のようなものがあり、その基準に従って神を観ようとし、実際神を観る
体験をするのである。たとえば１を神とし、２を人間とするなら、その神を観
る認識基準というのは次の通りである。

　①アウグスティヌスにとって１である神は２である人間より優れた存在であ
り、２である人間は１である神より劣る存在である。劣るのは可変的存在（滅
びる存在）であるためであり、優れたのは不変的な存在（不滅の存在）である
ためである。

　②そして、両者の間のこのような存在的隔たり（非類似性）は、アウグステ
ィヌスの理性・精神の目によって無限の隔たりとして把握される。

　③また、より劣る可変的な存在（宇宙万物）とより優れた可変的存在（人間
の理性）の隔たりを理解することは、より優れた可変的な存在（人間の理性）
と不変的な存在（神）との隔たりを理解することにつながる。

　この三つの点がアウグスティヌス観想における認識基準と言えるであろう。
これらの認識基準を用いることによって神を観る一瞬の神秘体験に至り、人間
と神との存在的隔たり（非類似性）はその神秘体験の中でより深く理解される
のである。これがアウグスティヌスの観想の特徴の一つである。

アウグスティヌス観想におけるもう一つの特徴は、闇と光に対する理解である。彼の観想の目的は、パウロの言葉のように、闇の存在から光の存在になることである。「あなたがたは以前は暗闇でした。しかし、今は主の中にある光です。…」（『エフェソの信徒への手紙』5章8節（私訳）、eratis enim aliquando tenebrae, nunc autem lux in Domino.…）。ところが、現実において人間は神に背き、罪と悪と欲望などによって人間の内側は堕落の状態であり闇である。この内側の闇の問題で、理性の力では神を観ることができず、神を観るとしても観続けるのに耐えられない。ここで絶望するのである。しかしながら、彼はキリスト教と出会い、この闇の問題を解決する道を見つける。イエスの言葉にもアウグスティヌスが見つけたその道が窺える。「悔い改めなさい。天の国はすでに到来したからである。」（『マタイによる福音書』4章17節（私訳）、"Paenitentiam agite; appropinquavit enim regnum caelorum".）。イエスのこの宣言において悔い改めは人間の内側に宿る闇と向き合うという意味をもち、イエスを通してすでにここに到来した天の国は人間の外側から内側に照らされる光を表す。つまり、イエスのこの宣言は、人間が自分の力ではなくすでに到来した外側の光によって闇の存在から光の存在になるという意味として解釈できるであろう。ここで到来した神の国、神の光は、アウグスティヌスの観想理解においては十字架を通して現れた神の憐みとしても理解されるが、神の憐みという光を自分の内側の闇に受け入れることによって、言い換えれば、イエスの十字架を通して神に慈しまれること（恵み深い神を所有すること）によって光の存在になるというのは、『告白録』のアウグスティヌスの観想理解においてもう一つの重要な特徴なのである。

　以上のように、アウグスティヌス観想には認識基準があり、闇の存在から光の存在になる目的があるという二つの特徴を踏まえた上で、これから紹介する五つのアウグスティヌスの観想および観想的試みを考察するとより理解を深めることができるに違いない。

3. ミラノでの観想 [50]

　373年19歳の時、アウグスティヌスは、キケロの『ホルテンシウス』を読み、神的真理への強烈な愛に目覚める。20歳以降は、禁欲的哲学者として生きる希望をもつ。その頃から旧約聖書を否定する新しいキリスト教として現れたマ

第 2 章　観想者—『告白録』を中心に

ニ教の唯物論に影響されるが、383 年 29 歳頃その教えを疑い、マニ教を捨てる。その翌年、修辞学の教師としての成功の野心をもってカルタゴからミラノに行く。そこで修辞学教師としての経歴を積む中で、ミラノの司教アンブロシウスとの出会いを通してキリスト教の思想を改めて理解するようになる。一方、キケロの新アカデミア派の懐疑主義に接する。ところが、386 年プロティノスと彼の弟子ポルフュリオスの新プラトン主義に大きく影響されることによって、新アカデミア派の懐疑主義と唯物論から解放されるようになる。386 年 8 月の終わりにあった回心の直前、つまり 386 年の夏の早い時期[51] に新プラトン主義の書物を読んだ[52] と推測されるため、おそらくこれから紹介する『告白録』第 7 巻の観想（プラトン主義的神秘体験）は、その書物を読んだ直後の出来事であろう。プラトン主義の書物を読むことによって試みた最初の観想が成功したか失敗したかに関する議論はあるが、アウグスティヌスは一回以上一者（神）との観想的合一における恍惚を試みたと主張されてきた[53]。それではアウグスティヌスの最初の観想体験に関する記事を確かめてみよう。

　「それから、そこ（プラトンの本の中）からわたし自身に立ち返るように（Et inde admonitus redire ad memet ipsum）薦められて、あなたの導きによって私の内面のもっとも奥深いところに（in intima mea）入りました。それができたのは、あなたが私の助力者になったためです。わたしは自分の中に入ったら、何かしら自分の魂の目で、私の同じ魂の目を超えて、私の精神を超えて、不変の光を観ました（vidi）。この光は普通のものでもなく、すべての肉眼には見えるものでもないです。…その光がより上に存在するのは、それ自身が私を造ったからです。そして私がより下に存在するのはそれによって私が造られたためです。真理を知る者はそれ（光）を知り、それ（光）を知る者は永遠を知ります。愛は光を知ります。お！永遠の真理、真実な愛、貴き永遠よ、あなたは私の神です。昼も夜もあなたに対する愛で嘆きます。わたしがあなたを始めて知った（cognovi）時、私を迎え入れて、私が観るべきものを観られるようにされましたが、まだ私は観ることができる者でないことがわかりました。しかし、あなたは強烈に私に光を発しながら、私の視力（aspectus）の弱さを退けました。その時、私は愛と恐れに震えていました。そして自分があなたとの不類似のところにおいてあなたから遠く離れていることが分かりました。まるで次のように高いところからのあなたの声を聞いたようでした。「わたしは大人の食物だ。成長しなさい。するとわたしが食べられるであろう。あなた

は自分の肉体の食物のように私をあなたに変えるのではなく、あなたがわたしに変わるであろう…。」」（第7巻10章16節）

この最初の観想体験の記事を通して、われわれは彼の観想の構造を次のように簡単にまとめることができる。

①プラトン主義の書物（プロティノスの『エネアデス』と考えられる）に勧められた最初の観相は神の導きによって可能な体験である。

②自分自身に戻る。つまり、自分の内面に入る。

③自分の内面に入って、魂の目で（理性）で自分を超えて存在している創造者としての光を観る。

④その光を観る際、愛し、愛される体験がある。

⑤しかし、自分の魂の視力の弱さによって神的光を観続けることはできない。

⑥その理由として、不類似のところという神との存在的隔たりを経験するからである。

⑦課題として観る者は神のものとして変化（神化）しなければならない。

この最初の観想体験は、『告白録』第7巻17章23節にも別の角度から述べられているが[54]、前述の記事を補充する解説であろう。

「…すでにあなたを愛していたからです。しかし、私の神を享受し続けてはいませんでした。あなたの美しさによってあなたに引き付けられていましたが、また私の重さによって、あなたから引き裂かれていました。嘆きと共にその方向に突進していました。この重さとは肉体の習慣でした。…」このように自分の上に存在する神的光を観想するのを妨げる肉体の習慣について述べた後、引き続き、彼は、『ローマ人への手紙』1章20節を引用して、神の見えない本性、神の永遠の力と神性が、創造の時から造られた被造物を通して知解され（sunt intellecta）見られる（conspiciuntur）といい、被造物を通して神を観ようと試みる。まず、天と地のすべての被造物の美しさを判断し、可変的なものについて正しく判断できるのは、自己の可変的精神の上に存在する不変な真理によると確信した上、その真理を求めて精神は上昇していく。まず段階的に肉体から肉体を通して感覚する魂（anima）へ、そこで肉体の感覚から外の情報を受ける魂の内的力に（ad eius interiorem vim）至る。そして、身体の感覚によってとらえられるものを判断する推理能力に（ad ratiocinantem potentiam）昇っていく。その能力も可変的であることを悟り、さらに知性能力に（ad intellegentiam suam）まで自らを高める。そこで魂は不変的なものそのもの

第2章　観想者―『告白録』を中心に

を知って、不変的なものが可変的なものより優ると叫ぶようになる。こうして
おののく一瞬のうちに在りて在る者（『出エジプト』3章14節）に至るのであ
る（pervenit ad id quod est in ictu trepidantis aspectus.）。彼はこの神秘的な
体験において被造物を通して神の見えないものを観るようになる。しかし、魂
の視力の弱さのため、光を続けて観ることが出来ず、その香りをかいだだけで、
食べることは出来なかったという。

　この記事は、前述の記事のように、魂の視力の弱さの問題や、神的光を食べ
ることによって神のものにならなかった挫折を含んでいる。そして視力の弱さ
とその挫折に関わると考えられる彼自身の重み、すなわち肉体の習慣について
も紹介している。ところが、この記事には、神を観る過程については前述の記
事より詳しく述べられている。簡単にまとめると次の通りである。

　①肉体から魂へ上昇する。

　②この魂においては、肉体の感覚から外の情報を受ける魂の内的力へ上昇す
る。

　③そして、その情報を判断する魂の推理能力へ上昇する。

　④さらに、不変的な存在を知解する魂の知性能力へ上昇する。

　⑤最終的には不変的な存在へ上昇する。

　第7巻10章16節の記事と第7巻17章23節の記事を総合すると、次のよう
になる。

　①プラトン主義の書物（プロティノスの『エネアデス』）に勧められた最初
の観想は、神の導きによって行われる。

　②自分自身に戻り、自分の内面に入る。つまり、肉体から魂へ上昇する。

　③この魂においては、肉体の感覚から外の情報を受ける魂の内的力へ上昇す
る。

　④そして、その情報を判断する魂の推理能力へ上昇する。

　⑤さらに、不変的な存在を知解する魂の知性能力へ上昇する。

　⑥最後に不変的な存在へ上昇する。

　⑦魂の目（理性）で自分を超えて存在している創造者としての光を観る。

　⑧その光を観る際、愛の体験がある。

　⑨しかし、自分の魂の視力の弱さによって神的光を観続けることができない。

　⑩その理由として、非類似性という神との存在論的隔たりや、彼自身の重み
という肉体の習慣への自覚が生じる。

41

⑪今後の課題として観想者が神的光を食べることによって神のものに変化（神化）しなければならない。

　要するに、ミラノでのアウグスティヌスの最初の観想は、自分の内面において、より劣った存在からより優れた存在へ、そして可変的なものを通して不変的な者へ上昇していく中で、不変的な神的光を観、その光を創造者である神として認識・享受し、自分の存在の変化を求める神秘体験なのである。

　ところで、この神秘体験が実際あったのは、386年の回心直前の出来事であり、この体験に関する記事はそれから約10年以上経った後書かれたものである。つまり、『告白録』を書いている現在のアウグスティヌスが過去の自分の体験を回想しながら解釈しているということである。驚くことに、回心の前にプラトン哲学に勧められて自分の魂の目で神的存在を観たというのは、その体験がプラトン主義的体験であり[55]、その神的光は当然アウグスティヌスにとってプラトン主義の神的存在（一者）のはずである。しかし、10年後その体験を解釈する際、観想に導いたプラトン主義の神的光は、キリスト教の創造主である神として理解されているのである。アウグスティヌスはカシキアクムでプラトン哲学を通しても真の神を観ることができると信じていたが、『告白録』を書いている現在の彼にとっても、プラトン哲学で目指す神的存在とキリスト教で信じる神的存在との境は不明確である。

　『至福の生』第1章4節でアウグスティヌスはプロティノスの書物を読んで心が炎のように燃え、それがきっかけで一切を投げ捨て憧れの安息を求めて哲学に回心したという。『アカデミア派駁論』第2巻2章5節においてもプラトン主義の書物を通して信じがたいほどの焔が燃え立ち、本書の第1章で議論したように自分自身に帰り、キリスト教に帰依するようになった（Prorsus totus in me cursim redibam. Respexi tamen, confiteor, quasi de itinere in illam religionem, quae pueris nobis insita est.）と告白する。このように、回心前のミラノでの観想は、プラトン主義の影響によるものであり、結果としてはキリスト教への回心につながるものだったのである。次はキリスト教へ回心した後の彼の観想について紹介する。

4. オスティアでの観想

　ミラノでの神秘体験の後、アウグスティヌスは、パウロ書簡や、アンブロシ

第2章　観想者―『告白録』を中心に

ウスとシンプリキアヌスなどのキリスト教プラトン主義者の影響や、聖アント
ニウスの伝記の刺激などによって、386 年 8 月の終わりに、キリスト教プラト
ン主義者としてキリスト教へ回心する。同年 10 月修辞学の教師というキャリ
アを捨て、知り合いの人たちと共に哲学的共同生活に励む。そして、同年 11
月からミラノの近郊カシキアクム別荘で小グループ隠棲生活を始める。387 年
3 月カシキアクムからミラノに戻り、同年 4 月に彼はアンブロシウスから洗礼
を受ける。その後、自分の故郷で小グループの修道院の生活を築くため、彼は、
自分の息子と母と何人かの友人と一緒に生まれ故郷の町に帰ることにする。帰
郷中、反乱者将軍マクシムスの艦隊が、ローマの港湾を封鎖したため、彼ら一
行はしばしオスティアに留まる。そこで泊まっていたある家で彼は母モニカと
共に神秘体験をするのである。『告白録』第 9 巻 10 章 23 節から 25 節には 387
年のオスティアでの神秘体験が次のように描写されている。

　オスティアで旅の途中元気を養っていたアウグスティヌスは、数日後この世
を去る母モニカとともに神の国について語り合いながら楽しい一時を過ごして
いた。「なすべきことはただ一つ、後ろのものを忘れ、前のものに全身を向け
つつ、神がキリストイエスによって上へ召して、お与えになる賞を得るために、
目標を目指してひたすら走ることです[56]」と手紙で綴っていたパウロのように、
二人は対話の中で、前のもの、すなわち聖者たちが享受している永遠の命へ引
き付けられ（extenti）、それについて思いを巡らそうとしていた（IX,10,23）。
二人の対話は、肉の感覚による快楽があの生の喜びには比べものにならないと
いう結論に至る（IX,10,24）。さらに二人は、対話の中で、燃え上がる感情をも
って神に向かって起き、段階的にすべての物体を通り過ぎて、地の上の日と月
と星の天にまで至る。そこで思考を働かせ（cogitando）、語り合い、神の創造
の 業 に つ い て 驚 嘆 し な が ら、 さ ら に 内 的 に 上 昇 し て い き（adhuc
ascendebamus interius）、彼ら自身の精神（mens）に至る。そこから神が永
遠に真理の糧でイスラエルを養うところにたどり着こうと願い、語り合いつつ、
その知恵をあおぎ求めて凝視し（inhiamus）、心を集中する。そしてそれ（永
遠な知恵）に少し触れるのである（attingimus）。その後、深いため息をつき、
再び現実に戻る（IX,10,24）。この永遠な知恵に触れる神秘経験は、第 9 巻 10
章 25 節において再び次のように述べられる。「たったいま私たちは進んでいき
（extendimus）、あわただしい思考によって（rapida cogitatione）万物を超え
て存在する永遠の知恵に触れました（attingimus）…。」アウグスティヌスは、

43

オスティアで経験した一瞬の体験が持続される時が、復活の時であるといい、その時を熱望する。

ここで、オスティアでの神秘体験をまとめてみよう。

①キリスト教への回心と受洗の後、オスティアで母親との会話の中で経験したものである。

②会話の中で、聖書の箇所を用いて神の国における永遠の命を熱望し、肉の感覚による快楽よりあの生における喜びが比較できないほど大きいと認識する。

③こうして燃え上がる感情をもって神に向かって上昇する。

④上昇の際、この地上のすべての物体を通り過ぎ、

⑤その次に、太陽と月と星の天にまで昇る。

⑥そこで思考を働かせ、内的に上昇し、精神（mens）に至る。

⑦さらに、精神を超えて、神の国の民を養う糧であり、すべての命の根源である永遠の知恵に少し触れる。

⑧復活の時に、知恵に触れ続ける完全な観想が可能である。

オスティアでの神秘体験は、ミラノでの体験と似ていることがわかる。物体から魂へ、魂から神へという上昇の過程をたどるという意味で、ミラノでの神秘体験と共通点をもっており、そういう意味でプロティノスの影響によると言える。一方、本文をよく見ると、両者の間には注目に値する相違点も存在する。ミラノでの体験ではプラトン主義の本を読んだことがきっかけで、存在的に遠く離れているところから神的光を観たが、まだ知恵を食べていないことによって自分の存在が神から離れていることに強く気づくという微妙に否定的な内容が目立つ。それに対して、オスティアでの体験では母親とキリスト教的希望（永遠の命）の話をする中で新約聖書『フィリピの信徒への手紙』の「前にあるもの」）、すなわち永遠の知恵に触れ、それを食べることによって存在的変化（永遠の命）が完成できる復活の日を希望するという内容の記述が出てくる。前者においては真理の光を観たり、真理の声を聞いたりする中でも挫折を経験するのに対して、後者は知恵に触れるわずかな時だったにもかかわらず希望をもつ。この後者の希望とは、前者の「見た」、「聞いた」という表現から窺われる神との間の距離とは違って、「触れる」という表現が神との直性または一体性により強く関わるからであろう[57]。

P. Henryはオスティアでのヴィジョンが『告白録』の頂点として、当時信仰深いキリスト者だった母モニカと教会の信仰を受け継ぎ、キリスト教への回

第2章　観想者─『告白録』を中心に

心を完成させたものとして捉えているが[58]、この指摘からも、キリスト教的な希望（神との直性や一体性）をもたらしたオスティアでの体験は、ミラノでの体験よりキリスト教における観想の完成の可能性を示し、彼に確信を与えたことが窺える。しかし、その確信は、彼にさらなる課題をもたらす。その課題というのは、この世における観想をより健全にするための存在的変化をどのように実現するかということである。次の章で紹介するアウグスティヌスの観想の試みは、特にこの存在的変化の問題が浮き彫りになる。

5.　記憶探究と欲の探究における新しい観想の可能性

　オスティアでの神秘体験から二週間も経たないうちに母モニカは亡くなる。その後アウグスティヌスは彼の一行とともに 388 年アフリカの故郷タガステ[59]の父の家に帰り、哲学的共同生活を始める。ミラノとオスティアでの神秘体験から約 10 年後、396 年彼はヒッポ・レギウス[60]の司教となる。聖職者でありながら、哲学者として生きようとした彼は、その翌年から『告白録』を書き始める。

　アウグスティヌスはこの『告白録』第 10 巻で筆を通した静かな叫び声で、当時自分の現在の姿について告白しようとする。現在の姿というのは、すでに善く変わった「すでに（jam）としての現在の自己」とまだ善く変わっていない「まだ（adhuc）としての現在の自己」という相反する二つの側面をもつ姿である（X,4,6）。「すでにとしての自己」については第 10 巻前半部（X,1,1 〜 27,38）に出てくる記憶探究を通して、「まだとしての自分」については第 10 巻後半部（X,28,39 〜 43,70）に出てくる「欲の探究」を通して告白される。「すでにとしての自己」についての記憶探究と「まだとしての自分」についての欲の探究は、実はアウグスティヌス観想の特徴を理解するのに欠かせないところである。まず記憶探究についてである。

5.1. 記憶探究

　アウグスティヌスの記憶探究は 386 年の回心の時にあった愛の体験を、あの時から 10 年以上過ぎた現在の時間において思い起こすことから始まる。回心における愛の体験は、神の御言葉による愛の体験であった。『告白録』第 8 巻にアウグスティヌスの回心の過程が詳細に綴られているが、回心のクライマッ

45

クスの場面で、肉体の習慣に引きずられる悪しき意志と善を追い求める善き意志との間で自分の存在が引き裂かれるような経験をし、嵐のような内的葛藤を経て、内面の奥深いところから込み上げる懺悔の涙と共に一つの意志としての自分の存在であり続けることを神の前で決断する回心に至る。その回心の過程において、アウグスティヌスは、隣の家から聞こえてきた、「とれ、よめ。とれ、よめ」という繰り返し歌うような声を聞き、それを聖書を読めという神の声として受け止める。そうして彼が最初に開いた箇所が次の聖書箇所である。「酒宴と酩酊、淫乱と好色、争いとねたみを捨て、主イエスキリストを身にまといなさい。欲望を満足させようとして、肉に心を用いてはなりません[61]。」この聖書の言葉と聖書が証言する受肉した御言葉（神の知恵）としてのキリストは、不可抗力的に神を受け入れると同時に神に引き付けられるという不思議な愛の体験の中で、一つの意志をもつ一つの存在として神を観ることを可能にする権威として彼の内面に刻印されたのである。

　そのため、当時のことを回想する記憶探究の冒頭において、こう語るのである。「あなたは御言葉をもって私の心を突き刺しましたから、私はあなたを愛したのです」(X,6,8)。彼の記憶探究は、この愛の体験に動機づけられ、神への自分の愛が記憶探究の出発点になるといえるだろう。

　彼は第10巻の前半部で、愛の体験で知るようになった神を、内なる人間の一種の光、声、香気、食物、抱擁として理解する。アウグスティヌスにとり、肉体の感覚は神を捉えることができない。それにもかかわらず、彼は神を感覚的に捉えたという表現を使う。しかし、この表現は肉体の感覚とは異なる別の感覚、つまり霊的五感[62]というものによって捉えられたことを表している。そして、彼は自分が霊的五感で感じた光、香気、食物、擁護などの心象に対する愛を神に対する愛として理解し、観想を試みる（X,6,8）。

　その観想の中で、愛の対象であるそれらの心象が何なのかと問いかける。アウグスティヌスはそれらの心象を神的存在として捉え、それが何なのかと問うことには、自分が霊的五感で知ったその正体をこれから理性的にもう一度認識したいという願望が潜んでいるのである。そのような神探究の願望をもって、彼は地とその中にあるすべてのものにも、海と淵とその中の生き物にも、風とすべての空気にも、そして天と日と月と星にも、自分が体験したそれらの心象が何であるかと問いかける。その問いに対して、それらの被造物は、自分たちは神ではなく、神が自分たちを創造したと答える。この答えは、人間の肉体の

第 2 章　観想者─『告白録』を中心に

感覚を取り囲むこれらの被造物が実際彼に答えたことを意味するのではなく、アウグスティヌスが観想の中で悟ったことを擬人化した表現である。つまり、彼は観想の中でこれらの被造物の美を観て、これらの存在は神によって創造され、神はそれらの存在の根源であるという認識に至ったということである[63]（X,6,9）。

　自然界を探究した後、今度はアウグスティヌスは自分に向けて、物体よりそして自身の外側の肉体より優れている内側の魂を通して、自分が霊的五感で体験したそれらの心象の正体を究明しようと神探究を続ける。魂の探究において、内側の人間は精神（animus）と理性（ratio）を有するため、肉体の感覚を通して伝達される様々な情報を判断し、理解する機能をもっており、それのみならず、神の見えないところを、被造物を通して見て、理解するように問いかけることができる力を有するという認識能力を持つようになる（X,6,9、X,6,10）。

　このように、アウグスティヌスは精神と理性という魂の力を確認した上、再び「神を愛する時、何を愛するのか」、「私の魂の頂の上にいる神は誰なのか」と問いながら、自分の魂そのものを通して、神認識にまで上昇していこうとする（X,7,11）。ここで自分の魂そのものを通して神に上昇するというのは、自分の肉体を動かし、肉体の感覚を通して来る情報を知覚する魂の能力を超えて、更に精神（X,8,15）もしくは人間そのもの（X,17,26）として理解される自分の記憶（memoria）という野原（広大な宮殿）と呼ばれるところに入ることによって、神認識の段階へ上昇しようとすることを意味する（X,8,12）[64]。

　彼は自分の記憶の倉庫の中に入って、記憶されている様々な心象や、学知や、感情や、忘却や、幸福の生などについて、長らく議論する。そして、この記憶探究の結論として、彼は「神を知るようになってから、神を忘れたことがない」（第 10 巻 24 章 35 節）といい、自分の記憶の中で以前霊的五感で経験した神を想起し、再びその神を見つけ、その神の中で喜ぶのである（X,24,35）。記憶の中の神というのは、霊的感覚によってとらえられた一種の光、声、香気、食物、抱擁という心象として理解される神にほかならない（X,6,8）。このように、回心を通して神を知ってから、自分の記憶の中に存在するようになった神の心象をたずねるという当面の課題は達成される。しかし、記憶の中の神ではなく、自分を超えて現存する神に上昇するという神探究の根本課題は達成できていない。

　ところが、彼はこの根本課題を達成する道を一つ示そうとする。つまり、こ

47

の根本課題を解く不可欠な要素として、自分の欲することではなく、神が欲することを「神から聞く」という行為、つまり自己の欲を抑え、御言葉を求める純粋な信仰の行為がその道として提示されるということである（X,26,37）。記憶の中の神ではなく、自分の上に現存する神へ上昇するという根本課題を解く信仰の道が示されるというのは、堕落の状態においては、理性の力、認識という自力だけではなく、それを有効にする信仰も加わることによってはじめて自分を超えて存在する神への上昇が可能になるということを意味する。『告白録』を書いていた当時のアウグスティヌスにとって、人間が認識において神へ引っ張られ、引き上げられるためには、転倒した意志による堕落状態から自分の理性を清め、理性の力を有効にする信仰が欠かせないものだったのである。

5.2. 欲の探究

　記憶の中の神探究を試みる『告白録』第 10 巻前半部の記憶探究が終わった後、続けて後半部の欲の探究が始まる。上昇の道のりをたどる記憶探究とは違って、欲の探究においては雰囲気は一変して重苦しい雰囲気が探究全体にわたって漂う。なぜなら、自分の上に存在する神の反対側にある自分の罪や悪によって、悲しみ、苦しむからである。このように欲の探究においてアウグスティヌスは神で満たされていない「まだとしての現在の自己」を重荷と感じ、自分を病人として自覚する中で、罪を生み出す自分の習慣の重荷（X,40,65. consuetudinis sarcina）と罪の病（X,41,66. languores peccatorum）について洗いざらい掘りだす。

　アウグスティヌスはこの欲の探究において「慎み」の意義を強調する。「あなたは『慎み』を命じます。あなたが命じることを与えてください。あなたが願うことを命じてください。」[65]。このように、彼にとって「慎み」（continentia）とは、神が自分に命じ、願うことである、同時に神から与えられるものとして理解される。なぜ、彼が「慎み」を切に求めるかというと、時間の中で神以外の多くの被造物（関心事）への愛によって引き裂かれ、分散された自分が一つの存在として集められ、神へ上昇できるのは、この「慎み」によると信じるからである（X,29,40; XI,29,39）。彼は、この「慎み」を切に求めながら、罪の病と習慣の重荷の根源に向かって下っていく。罪の病と習慣の重荷の根源というのは、『ヨハネの手紙第一』2 章 16 節[66]に表れる肉の欲（concupiscentia carnis）、目の欲（concupiscentia oculorum）、世間的野望（ambitio saeculi）

を意味し、「慎み」はこれらに対するものである（X,30,41）。彼は罪の闇と習慣の重荷の根源に入り、これらの三つの欲とその特徴を細かく分析することによって、「まだとしての現在の自己」について自己省察を行い、自分のうちに潜んでいるすべての罪とその傾向とを明るみに出そうとする[67]。

　自分の内面においてこれらの三つの欲をすべて探究した後、アウグスティヌスは、記憶探究と欲の探究をまとめる第10巻40章65節において、普段よく行う記憶探究がすでに良くなっている自分、すなわち「すでにとしての現在の自己」にとって楽しみであり、快楽であるのに対して、欲の探究によって明らかになった、まだ良くなっていない自分、すなわち「まだとしての現在の自己」は、欲の悲惨さの中に再び陥ってしまう無力な存在であると告白する（X,40,65）。彼は、「まだとしての現在の自分」を癒すのは、人間の罪のため、十字架で死んだ、神と人間の間の仲介者であり、受肉した神の御言葉であるキリストだと強調する（X,43,69）。キリストが癒し主である理由というのは、知恵と知識のすべての宝が隠れているこのキリストが十字架で流した血をもって人間の罪を贖うためであり、さらに聖餐というサクラメントにおいてキリストは食べ、飲むことができる神の知恵になるためである（X,43,70）。ミラノとオスティアの観想において食べられる神の光（知恵）によって人間存在が変化するという課題が指摘されたが、これは人間存在の変化という課題が神の知恵であるキリストによって可能になることを示唆するものであり、アウグスティヌスの観想において決定的な要素になってきたものである。このような権威をもつキリストに頼る中で彼は、自分の無知と病を知る神に、「教えたまえ、いやしたまえ」（X,43,70）と嘆願の祈りをささげるのである。

　このように、最後の部分の御言葉（キリスト）は、この欲の探究の冒頭の「慎み」とともに習慣の重荷と罪の病を癒すのに不可欠な要素として提示されるが、上記で言及したように、アウグスティヌスにとり「慎み」が神が命じ、また神によって与えられるものであるなら、「慎み」と御言葉との関連について次のような解釈が可能であろう。つまり、不変的な知恵が肉体をもって現れたキリストの受肉とその愛とその謙遜に学び、そのキリストを聖餐において自分の中に吸収することによって、「慎み」が身に着けられ、そうすることによって、習慣の重荷と罪の病が癒されうるということである[68]。そのような意味で、『告白録』第10巻欲の探究の最後の箇所において、「教えたまえ、いやしたまえ」（X,43,70）と御言葉を切に求めるのと、欲の探究のはじめにおいて、「あなた

が命じることを与えてください、あなたが欲することを命じてください」
（X,29,40）といい「慎み」を強く求めるのは、異なるものではなく、一つの嘆
願として理解すべきであろう。

　記憶の探究と欲の探究について考察してみたが、観想を試みる記憶探究にお
いては神への上昇が表れ、欲の探究においては自分の内面における罪や悪の根
源への下降が表れる。そして、記憶探究において神への上昇を可能にする「神
から聞く」と、欲の探究において罪の癒しと自己浄化に必要な「慎み」または
「教えたまえ、いやしたまえ」とが、自分の欲を抑え、神の御言葉を求める同
じ信仰的事柄であるという点によって、この二つの探究が一つの探究としてつ
ながる可能性があると考えられる。こうして、受肉した不変的知恵として十字
架で死に、その血をもって罪を贖い、聖餐において食べられ、飲まれる神の御
言葉としてのキリストというキリスト教的要素が加わることによって、より健
全な観想の可能性が示される。つまり、欲への探究から見える自分の内面への
降下と、記憶への探究から見える神への上昇という二つなる探究がキリストに
よって一つの探究としてつながりうるということである。このように、キリス
トを通して自分の内面の罪のところに下り、そこで自分の精神を浄化し、その
後認識において神への上昇を成し遂げるという構造が考えられるが、下降と上
昇という構造は、「天の天」の観想においても見えてくるものである。

6. 「天の天」の理想的観想

　下降と上昇という二通りの一つの探究の可能性を示した後、アウグスティヌ
スは、『告白録』第12巻において、『詩篇』115篇15 ～ 16節[69]に表れる「天
の天」（caelum caeli）という言葉を用いて、理想的モデルとして「天の天」の
観想について独特な解釈を施す。「天の天」の観想からも上記のような下降と
上昇の構造が垣間見える。

　「天の天」という存在は、天使（XIII,15,18）、理性的知性的精神（XII,15,20
mens rationalis et intellectualis）、神の家、霊的エルサレムと呼ばれる（XII,11,12;
XII,15,20; XII,16,23）。このような知性的霊的被造物としての「天の天」は、物
体的天（caelum corporeum）と区分される（XII,2,2; XII,8,8）。つまり、「天の天」
は天使たち、もしくは天使たちの居場所（神の国）として理解されうる。「天
の天」は可視的天と地の万物と時間に先立って（12,12,15）、形相を受けて創造

第2章　観想者─『告白録』を中心に

された存在である（XII,13,16; XII,15,20）。「天の天」にとって形相を受けるというのは、照らす神の光（創造する知恵）によって、照らされる光（創造された知恵）になることを意味する（XII,15,20; XIII,3,4）。被造物であるがゆえに、神のような永遠の存在ではなく、変わりうる可能性をもつ存在である（XII,12,15）。ところが、時間的存在でもなく神のような永遠の存在でもないにしても「天の天」は、常に観想を行うことによって、いかなる変化も経験せず、神の永遠と不変性を享受する[70]（XII,12,15）。アウグスティヌスは「天の天」の観想について次のように描写する。つまり、「天の天」にとって神の顔をいつも観ること（観想）は（XII,15,21; XIII,15,18）、神の喜びを観想することや（XII,11,12）、「天の天」にとって聖書である神の永遠な意志が何を欲するかを読むことや（XIII,15,18）、顔と顔を合わせてすべてを知ること[71]（XII,13,16）として理解される。

「天の天」はこのように観想の中で神の永遠と不変性を享受する存在であるとはいえ、いつでもどこでも自身の可変性を脱ぎ捨てることはできない（XII,11,12）。可変性はその中に常に内在しているものである（XII,15,21）[72]。しかしながら、「天の天」は可変性を有しながらも観想の中で神の永遠と不変性を享受することによって、自分の可変性を強く抑えている。アウグスティヌスによると、観想によって可変性が抑えられるということには、二つの側面がある。一つ目は観想によって時間の変化が越えられる側面であり（XII,9,9; XII,15,19; XII,15,22）、二つ目は観想によって神に対する離反と堕落が防がれる側面である（XII,11,12; XII,15,19）。「天の天」はその二つの側面を維持するため、照らす神の光を観想し続け、照らされる光になり続けなければならない。

観想において、「天の天」は神にすがりつき、すべての感情を込め（XII,11,12）、純潔で大きな愛（XII,15,19; XII,15,21）をもつ。これは「天の天」が観想の魅力を知って自発的に観想を続けようとする自分の自由なる意志によるものであると考えられる。J. Pépin は、観想における「天の天」の感情の移入を意志的側面として理解しながら、純粋な喜びと熱意に基づいた、神に対する衰えのない愛のご褒美として、神認識による安息や幸福が与えられるという[73]。

観想において「天の天」の感情の移入という自由なる意志が許されるというのは、自由なる関係性と自発的絶対依存性が許されることを意味する。自由なる意志があるというのは、同時に反対の意味として、観想をしないことによって神に背く堕落の可能性も、神の永遠と不変性を享受しないことによって可変

51

性を抑えられない存在へ転びうる可能性もあるということであろう。しかし、堕落し得る可能性があるにもかかわらず、「天の天」が意志的に観想をし続けるのは、観想による至福の生を知り、経験するからである。もし「天の天」が自分の意志で神にすがらず、神の光と熱とを受けなくなれば、暗くなり、冷えてしまう（XII,15,21）。言い換えれば、照らす光によって、照らされる光となった「天の天」が、その光の存在を放棄し、その光を失い、光という形相を脱ぎ捨てたような状態になったとすれば、それは無形相的生（informis vita）という真っ暗な淵の状態に落ちてしまったことを意味する（『創世記逐語注解』I,5,10）。

　ここで無形相的生という言葉の概念は、アウグスティヌスにとって、「天の天」が堕落して光を失った時の状態を表しているという意味で実存的概念であるが、この無形相的生の意味をより深く理解するためには、アウグスティヌスが特に『告白録』第12巻で何度も言及する「無形相的質料[74]」（materia informis）という形而上学的概念について説明する必要がある。「無形相的質料」とは、天地創造の際、神によって用いられた一種の材料のようなものである。これは無から創造されたものであるが、いかなる形相も有しない（XII,3,3）。形相と無の間にある中間的な存在として、ほとんど無に近い無形相の何かである（XII,6,6）。そういう意味でアウグスティヌスは「無形相的質料」と名付けたのである。神はこの「無形相的質料」に形相を与えることによって、可変の世界とそのすべてのものを創造した（XII,8,8）という。目に見えるすべての被造物が目に見えないこの「無形相的質料」をもって造られたということは、すべての被造物はこの「無形相的質料」がもっている性質を包含していることを意味する。その性質というのは、可変性である。つまり、神によって創られた被造物はすべて可変性という性質をもっているということであり、そういう意味で「無形相的質料」はすべての可変的存在の「可変性規定の原理」になってすべての被造物の中で可変性を引き起こしていると言える。可視的世界において、あらゆる変化が生じるのはこの「無形相的質料」の働きのためなのである。

　アウグスティヌスによると、「天の天」も形相を受ける前は「無形相的質料」の状態であり、この「無形相的質料」の状態の時、神の導きによって、光を眺め（XIII,3,4）、光を頼ることによって（XIII,3,4）光の存在になったという。彼は、『告白録』第12巻において、自分の可変性を抑えている「天の天」と、万物の可変性の原因である「無形相的質料」が、それぞれ『創世記』1章1節の

第 2 章　観想者─『告白録』を中心に

天と地を意味し（XII,2,2）、神は可視的天と地を創造する前に、無から「無形相的質料」と「天の天」を創造した（XII,7,7）と主張しながら、この二つについて対照的に議論し、いつか自分も「天の天」の世界に参与することを熱望するのである（XII,16,23; XII,15,21）。

　以上のように、アウグスティヌスは「天の天」の理想的な観想を述べる中で、「天の天」の堕落による「無形相的生」という最低の境地と、神の永遠と不変を享受する「天の天」の観想という最高の境地について、またすべての被造物の「可変性規定の原理」である「無形相的質料」という最も低い被造物と「天の天」という最も高い被造物について、自分の精神の目を向けて考察するのである。

　「無形相的生」と「天の天」の観想、「無形相的質料」と「天の天」という対照的構造を考慮する際、「天の天」の観想について次のようにまとめることができる。

　①「天の天」の観想は、次の二つの特徴においてアウグスティヌスにとって理想的な観想になっている。第一、「天の天」の観想は、「天の天」が自由なる意志をもって、天上の聖書である神の意志を読み、神の喜びを知り、すべてを顔と顔を合わせて知るという自発的で自由なる関係性に基づく知性的な合一である。第二、そういう合一によって、「天の天」の存在において可変性が抑えられる効果がもたらされる。つまり、「天の天」は永遠に生きる不変的な存在、堕落しない存在になるという可変性抑止の効果がその観想に現れるということである。人格的合一と可変性の抑止という二つの特徴は、ミラノとオスティアの観想において彼が神的光を観て、知恵に触れながら切に求めていた究極的な存在の変化というものにほかならない。

　②「天の天」の観想の意味を明らかにする際、「無形相的生」も共に考察されなければならないが、「天の天」の「無形相的生」とは観想の生を放棄し堕落してしまい、光という形相を失った状態を意味する。ところが、アウグスティヌスにとって、「無形相的生」と、「天の天」が光の存在として創造される前の段階を意味する「無形相的質料」とは、形相（光）をもっていないという意味で同じ概念として理解されているのはとても興味深いところである。光を失った「無形相的生」と光になっていない「無形相的質料」は、アウグスティヌスにとって存在のレベルにおいて最も下に位置付けられる闇として、光という形相を受けるために、その一番下のところから被造物の中で最も高いレベルの

53

ところ、つまり神を観想するレベルまで上昇しなければならない課題をもつ。

　③ここで形相（光）をもっていない最も低いレベルと、形相（光）の存在になる最も高いレベルが対象的な構造として浮き彫りになる。これが「天の天」と同じ霊的被造物である人間に適応される際、最も低いレベルとして神に背く「無形相的生」は懺悔（へりくだり）という降下の道において向き合わなければならないものであり、神を観続ける「天の天」のような理想的な観想は不滅の存在と堕落の抑止を保証する神との人格的で知性的合一という上昇の道へ方向づけられるべきものである。こうして、前章の欲の探究と記憶探究において示唆されたように、「天の天」の観想の記述も、光の存在になろうとする人間の観想に必要な下降と上昇の構造をほのめかしているのである。

7. 新しい観想の試み

　「天の天」の理想的観想に注目してから、アウグスティヌスは、『告白録』第13巻では聖書という権威を用いた新しい観想の可能性を探る。この新しい観想について理解するためには、彼が特に第13巻の冒頭で述べる、天地創造の前に存在した霊的被造物における「無形相的質料」の形而上学的状態、すなわち「天の天」のような霊的被造物における霊的質料だった時の状態と、人間における霊的堕落の状態について理解しなければならない（XIII,2,2; XIII,2,3）。「天の天」である天使と人間の魂を同じ霊的被造物として理解するアウグスティヌスにとって（XIII,2,3）、「天の天」における霊的質料という形而上学的状態と、人間における霊的堕落という実存的状態は、同じ意味として捉えられている側面がある。彼は「無形相的質料」も霊的堕落も同じく『創世記』1章2節の淵（abyssus）と呼んでおり[75]、前者は時間の前に存在していた、悪でも善でもない質料であり、後者は時間の中で生じる悪や罪としての霊的堕落であるという相違点があるにもかかわらず、この両者を明確に区別しようとしない。むしろ霊的質料という形而上学的淵と霊的堕落という実存的淵とを、光という形相を受けていない意味で同様の状態として捉えているのである。

　アウグスティヌスは、『告白録』第13巻において、光という形相を受けていない霊的堕落の状態を意味するこの実存的淵の正体を解明しながら、霊的質料の状態から光の存在になった「天の天」の理想的な観想につながるこの世における新しい観想を試みようとする。彼にとり実存的淵というのは、人間にとっ

第2章 観想者─『告白録』を中心に

て時間の中で経験されるもの（XIII,10,11）として、情欲の重さが人間を引き
ずり込んでいくところ（XIII,7,8）、人間の魂の堕落によって落ちるところ
（XIII,8,9）、人間の現存在の堕落した状態そのもの（XIII,14,15）、光である神の
顔を避けて堕落した人間存在そのものを意味する（XIII,21,30）。つまり、魂に
おいて霊的被造物である人間は、時間の中で神に背くことによって、まだ形相
を受けておらず、無形相的生を生きている実存的淵（abyssus）でもあるとい
うことである。これが霊的被造物である人間の一つの側面である。アウグスティ
ヌスは、新しい観想の試みにおいて第一段階としてこの深い闇の中を覗くた
め降下する中で、霊的被造物は神に対する絶対依存的存在であり（XIII,2,2;
XIII,2,3）、神の恵みによって存在し、生き、光を受けて至福になると確信をし
（XIII,3,4）、神の恵みによる存在の変化を熱望する。

　一方、霊的堕落という実存的淵の中で生きる人間には、回心（conversio[76]）
の可能性、すなわち淵（abyssus）から身を向き変えられ、光である神を観想
して、形相を受ける（光になる）[77]という可能性がその内側に植えつけられて
いる。これが霊的被造物である人間のもう一つの側面である。この回心
（conversio）の可能性を現実において実現するためには、まず実存的淵から存
在的変化を求めると共に、聖霊の助けによって火をつけられ、神に対する愛に
よって神に向かって燃え上がり昇ってゆくという心の上昇を希望することが必
要である（XIII,9,10）。そして、人間の上に広げられている天空のような聖書
を知解し（XIII,15,17 intellegam ea）、その聖書の中で神を知らせる神の憐れ
みを見上げ、認識する観想に至る（XIII,15,18 ubi suspicerent et cognoscerent
misericordiam tuam）。この段階に至ると、聖書に結びつき命の言葉をえてこ
の世の光として現れるようになるのである（XIII,18,22 cohaerentes
firmamento scripturae tuae.）。このように、暗い淵の状態から神に向き変え
られ、神への愛をもって上昇しながら、聖書を通して神の光を見て、その光に
照らされ、光の形相をうけるという観想の境地に至るのである（XIII,2,2 ～ 3;
XIII,5,6; XIII,10,11）。アウグスティヌスは、この観想の試みとして、『創世記』
冒頭の事柄、すなわち『創世記』1章3節から2章3節までの六日間の創造と
七日目の安息日について比喩的解釈を行う。

　この新しい観想の試みにおいて、霊的堕落を意味する実存的淵（abyssus）
への下降と聖書を用いた神への上昇という二通りの一つなる観想の道が描かれ
ている点や、神を直接観る「天の天」の観想とは違って聖書を通して神を観る

55

という点や、光の存在への変化は理性の力という自力ではなく、神の恵みと神にすがりつく絶対依存的姿勢が核心的要素として組み込まれているという点などは、理性の力を強調するミラノやオスティアでの観想より、記憶探究と欲の探究で暗示されたキリスト教的観想の可能性をさらに高める特徴であるといえる。これらの特徴からすると、実存的淵である霊的堕落の状態から光の存在になるというアウグスティヌスの観想は、恩寵論的要素が強化されただけでなく、形而上学的淵である霊的質料の状態から光の存在の「天の天」になるという理解の延長線に置かれていることにより、創造論的要素もその背景をなしていると言える。

　この新しい観想の試みを次のように簡単にまとめてみよう。

　①霊的堕落の状態を意味する実存的淵としての自分の内面に入る。

　②そこで光の存在への変化は神の恵みと神に対する絶対的依存によることを確信する。

　③光の存在になることへの強い願望をもって、実存的淵から神へ向きを変える。

　④聖霊の助けと神への愛をもって、神へ上昇していく。

　⑤聖書を通して、神の憐れみを読み、神の光を観る。

　⑥神の光によって光の存在になる。

　こうしてミラノにおける視力の弱さと、オスティアでの存在の変化の問題は、この新しい観想において解決の道が開かれるのである。

8. アウグスティヌスの観想の特徴と意味

　今まで『告白録』に記されているアウグスティヌスの過去の観想と現在の観想的試みについて述べたが、それぞれの主な特徴を振りかえりながら、彼の観想の要点をまとめることにする。

　①最初に紹介したのは、386 年回心の前にキリスト教について十分理解していない時に、ミラノで神との合一[78]という恍惚経験を求めつつ、一瞬にして神の光を観た初めての神秘体験である。この体験は、プラトン主義の書物に勧められ、神の導きにしたがって、自分自身に戻ることから始まる。自分に戻ることは自分の内面に入ることであり、自分の内面に入ることは肉体的な感覚より上位に置かれている魂の諸能力に上昇し、さらにそこから神へ上昇すること

第2章　観想者―『告白録』を中心に

であるが、こういう上昇の過程において、魂は自分の目（理性）で自分を超えて存在する創造者としての光を観、愛の体験をする。しかし、神に似ていないという存在論的隔たり[79]や彼自身の重みという肉体の習慣を自覚することによって、言い換えれば自分の魂の視力の弱さに気づくことによって、神的光を観続けることができない。当時ミラノでのこの神秘体験から、神的光を食べることによって神のものとして変化（神化）しなければならないこと、具体的に言えば、キリストを通してその光（真理）を享受し、それを喜ぶ力を回復することで神のものになってより完全な観想に進まなければならないことが課題として残された。つまり、この観想において、アウグスティヌスは、神的光を観続ける強い視力を得るためには、光（キリスト）を摂取し、神に似る存在へ変化していかなければならないという確信に至ったのである。

②386年の回心と387年の受洗の後オスティアでアウグスティヌスは、母と聖書の話をする中で、肉体の感覚による快楽より神の国での喜びが優れていると認識し、そして、可変的なものより不変的なものが優れているという認識の下で、神の国に対する憧れと熱烈な感情をもって、神に向かって内的に上昇していく。この上昇の過程でまずこの地上のすべての物体を通りすぎ、太陽と月と星の天にまで昇る。そこから自分の精神（mens）へ上昇し、さらに精神を超えて、神の国の民を養う糧でありすべての命の根源である永遠の知恵に少し触れるようになる。その体験の後、究極的には復活の時に知恵に触れ続ける完全な観想が可能であるということが語られる。

このようなオスティアでの体験は、被造物から自分の内面へ、そして自分の内面において最も優れた精神に上昇していき、さらにそこから永遠の知恵に至るという上昇の過程が描写されているという点で基本的にミラノでの観想と同じである。ところが、次のいくつかの点において、オスティアでの体験は、ミラノでの体験と異なる特徴をもつ。第一、プラトン主義の本に勧められたことがミラノでの体験の始まりであるのに対し、オスティアでの体験では二人のキリスト者の聖書の話が観想の出発点になっていることである。第二、ミラノでの体験では永遠の光を「観る」が、オスティアの体験においては永遠の知恵に「触れる」になっていることである。離れたところから「観る」より近くで「触れる」ほうがより直接的な関係を示していると考えられるが、その直接的な関係はすでに回心で経験した神の愛に起因するものであろう。第三、そして、ミラノでは存在の変化の問題や観想の非持続の問題はアウグスティヌスの挫折と

して否定的に述べられているのに対して、オスティアでは完全なキリスト教的観想の時は永遠の知恵に持続的に触れられる、人間存在の究極的変化が起きる復活の時であるという希望によって肯定的に描かれているように見える。オスティアでの体験は、ミラノでの体験で課題として示された神を観続ける魂の視力や神に似る存在への変化が復活の時に完全になると語られた点でよりキリスト教化された観想に変わりつつあったといえる。視力の回復や存在の変化の課題は次の記憶探究と欲の探究においてより具体的に表れる。

③アウグスティヌスが観想においてキリスト教的要素を加えようとする試みは、ミラノとオスティアでの観想から約10年経って行った記憶探究と欲の探究においてより明確に記述されている。

記憶探究は、すでに善く変わっている「すでにとしての現在の自己」が、過去の回心を通して記憶されるようになった神の心象、つまり一種の光、声、香気、食物、抱擁など霊的五感で把握された心象が何を意味するかを問うことから始まる探究である。この探究において、ミラノとオスティアでの観想のように、可変的な存在より不変的な存在が優れているという認識基準の下、彼は可変的な存在である天地とその万物からより優れた自己の存在へ、そして自己の存在の外なる領域である肉体から不変的な存在を捉えるより優れた内なる領域である精神（記憶）へ、また精神から不変的な存在である神へと上昇していく。この上昇の道のりを辿る中、アウグスティヌスは自分の記憶の中の神の心象をたずねるその当面の課題を果たす。しかし、自分の上に存在する神への上昇を試みるというより根本的な課題は失敗に終わる。ところが神への上昇という根本的課題は、理性の力だけではなく、「神から聞く」ことを伴うことによって、つまり堕落の状態に置かれている自分の欲することを抑え、神の御言葉を自分の内側に吸収する信仰の側面を伴うことによって、解決可能になることが示される。

次の欲の探究は、まだ善く変わっていない「まだとしての現在の自己」が、自分の習慣の重荷と罪の病に対して悲しみ、苦しむとともに、自己浄化と罪の癒しを願望することから始まる。アウグスティヌスにとって、習慣の重荷と罪の病からの自己浄化と癒しを可能にするのは「慎み」であり、この「慎み」は神が命じ、キリストの御言葉によって与えられるものである。そのため、彼は習慣の重荷と罪の病を癒すこの「慎み」を求めながら、彼は肉の欲、目の欲、世間的野望という三つの罪の根源にまで下っていく。その後、キリストという

第2章　観想者―『告白録』を中心に

神の知恵（御言葉）によって「慎み」が与えられるという確認に至るのである。

　記憶探究と欲の探究は、それぞれ存在の根源である神への上昇と罪の根源への下降の構造をもつという点と、そして、前者は認識によって神を求め後者は「慎み」（信仰的事柄）による自己浄化を求めるという点において異なる側面を有している。他方、記憶探究の「神から聞く」と欲の探究の「慎み」は、自己存在の変化を求めて自分の欲を抑え、神の御言葉を求めるという意味において、同じ概念である。「神から聞く」と「慎み」は同じ概念として、記憶探究においては神への上昇を可能にし、欲の探究においては罪の病を癒し存在の変化をもたらすものとして理解されている。この同じ概念は、ミラノとオスティアの神秘体験において課題として示された視力の弱さの問題と存在の変化の問題を解決するために見出されたものであると考えられる。そのため、記憶探究と欲の探究はまったく関係のない別の探究ではなく、視力の弱さと存在の変化の問題を解決しようとするアウグスティヌスの観想において関連付けられるものとして紹介され、「神から聞く」と「慎み」という同じ概念を通してつながっているといえるのである。つまり、記憶探究と欲の探究は、一つの探究として捉えられるということである。もしそうだとすれば、順番としては、光を観る前に存在の変化による視力の回復が優先されるのが妥当であるため、「まだとしての現在の自己」が「慎み」を求めて罪の根源にまで下って癒され、浄化される探究が先で、そこで癒された魂である「すでにとしての現在の自己」が自分の精神を超えて存在する神へ上昇する探究はその後になるということが考えられる。このような下降と上昇という二通りの一つなる探究の可能性は、次の「天の天」の理想的観想においても窺える。

　④アウグスティヌスは「天の天」（天使）の観想から被造物として最も理想的な観想のモデルを見出している。「天の天」は光という形相を受ける前に、つまり天地創造の前、天地創造の材料であった「無形相的質料」の状態の時に、神の光を眺め、その光に頼って、光の存在になる。光の存在として造られた時から自発的愛による観想を通して、天空の聖書である神の意志を読み、神の喜びを知り、神の永遠と不変を享受する至福の生を生きることができた。そのような生によって、「天の天」は自分の可変性を抑え、時間の変化に支配されず堕落を防ぐことができるようになったのである。しかし、「天の天」がもし神に背き、観想しなくなければ、光という形相を失い、無形相的生という堕落の状態に陥ってしまう。形相を受けていなかった時の「天の天」における「無形

59

相的質料」の状態と、光という形相を受けてからその光を失った「天の天」の「無形相的生」についての議論の中で、アウグスティヌスは、「無形相的質料」や「無形相的生」という存在の中で最低の境地と、光という形相を受けて最高の境地で神を観続ける「天の天」とその観想とに自分の精神の目を向ける。ここでも、「無形相的生」と観想の生という対照的な構造が浮かび上がるが、この二つが「天の天」と同じ霊的被造物である人間に適応されると、「天の天」の「無形相的生」のような生は生まれ変わることにつながる懺悔（へりくだり）という降下の道において向き合うべきものになり、神を観続ける「天の天」の観想のような生は理性（認識）による神への上昇の道として果たされざるをえないものになる。このように、時間の中で霊的被造物である人間が理想とする「天の天」の観想においても下降と上昇の構造の妥当性が認められるのである。

　⑤「天の天」の理想的な観想について論じた後、アウグスティヌスは、この世の人間にとって新しい観想の道を模索する。その観想というのは、人間が自分の霊的堕落を意味する無形相的生という実存的淵（abyssus）に下降し、そこで光の存在への変化は神の恵みに対する絶対的依存によると確信し、光の存在になることへの強い願望をもって、実存的淵から神へ向きを変える。そして聖霊の助けと神への愛によって神へ上昇する。その際、聖書を通して神の憐れみを読み神の光を観、その光によって光の存在として生まれ変わるというものである。この新しい観想の試みにおいても、霊的堕落を意味する実存的淵への下降と聖書を用いた神への上昇という二通りの一つなる観想の道が描かれている。それのみならず、この新しい観想において、神の創造の時から光の存在として運命づけられたことや、神の恵みに絶対的に依存しなければならないことや、聖書を通して神の憐れみを読むことなどキリスト教的事柄の補強によって、神を観る観想に必要な視力の強化と存在の変化との可能性がより具体的に示されているのである。

　以上のように、『告白録』で紹介されている彼の五つの観想または観想的試みをまとめてみたが、これらの観想を考察すると、彼の観想は次のように三つの点においてキリスト教化され、キリスト教的発展を遂げたとみなすことができるであろう。つまり、神への上昇の道における変化、神を観る視力の強化と存在の変化につながるより具体的な方法、最後に神の光を「観る」意味の変化においてである。

　キリスト教的観想の発展を可能にしたこの三つの点について考察すること

第2章　観想者―『告白録』を中心に

は、観想者としての彼の姿を理解するのに役立つであろう。

　第一、神への上昇の道における変化についてである。ミラノとオスティアでの初期の観想は、自分の内面において、精神の目が、創造された可変的な存在から創造した不変的な存在へ、または下位の存在（被造物）から上位の存在（神）へ上昇していく構造である。それに対して、それから約10年経った後の記憶探究と欲の探究、「天の天」の観想、この世における新しい観想から垣間見える彼の観想的試みは、欲や罪の根源（無形相的生、実存的淵）に下降し、そこから身を向き変え、聖書（キリストの御言葉）を通して、不変的な存在へ上昇するという構造になる。つまり、初期の観想と比べると、人間の内側の堕落の状態に降りていくという降下の道が加えられたことがわかる。この下降の道は神を観る視力の強化と存在の変化のために必然的に付け加えられたと考えられる。

　第二、神を観る視力強化と存在の変化につながる具体的な方法についてである。ミラノでは魂の視力の弱さは神の光（知恵）を観続けられない弱さのことを、その光（知恵）を観続けられない弱さは光（知恵）を食べることができない弱さを、光（知恵）を食べられない弱さは光の存在（神のもの）になっていない弱さを意味する。そして、魂の視力の弱さと存在の変化の問題というのは、結局罪や悪の問題に関わる肉体の習慣によって生じるものである。回心し、洗礼を受けた後体験したオスティアでの観想においては、神的光を観続け、視力の弱さが克服され、究極的な存在の変化が起きるのは復活の時であることが示された。ところが、それから約10年後に『告白録』で紹介されるいくつかの観想においては、この世における視力強化と生まれ変わることにつながるより具体的な方法として、人間の内面の堕落の状態を意味する無形相的生や実存的淵へ降下する懺悔（へりくだり）の道が設けられるのである。この下降の道の目的ともいえる視力強化と存在の変化は、自力によるのではなく神の恩寵による。つまり、人間は自分の内面の闇において、キリストの受肉と十字架の犠牲を通して表れる神の恩寵に動かされて、自ら慎み、神から聞くという変化につながるということである。これは次の神を「観る」意味の変化を通しても示されている。

　第三、観想の「観る」の意味の変化についてである。ミラノとオスティアでの観想においては、愛を込めて神の光を「観る」というのは、自然界と人間という可変的被造物を通して、神を不変的存在または創造者として認識すること

を意味した。つまり、可変的な存在より不変的な存在が優れている、可変的な万物よりも不変的存在を見ることができる人間の精神が優れている、その人間よりも不変的な存在である神が優れているという認識が「観る」の意味であるということである。認識としての視力は、視力の弱さの原因である自己存在の堕落の問題を解決してくれないというジレンマを抱える。それに対して司教になってから、愛をもって神の光を「観る」というのは、基本的に初期の観想と同じく認識の側面が保たれてはいるが、相違点として挙げられるのは、聖書を介して不変的な神を認識し、光の存在になるということ、つまり聖書（イエスの十字架）を通して神の意志を読み、神の喜びと憐れみを読むことによって、光の形相を受け、光であり続けられるというところである。ミラノとオスティアで経験した存在の変化の問題、神を観続けられない問題は、聖書が証言する神の知恵であるイエスキリストの十字架を通して表れる神の意志と喜びと憐れみを認識することによって解決されるとアウグスティヌスは確信するようになったのである。

　上記に述べた三つの点を踏まえて彼の発展した観想の構造とその意味を次のようにさらに簡略に説くことができるだろう。発展した観想とは、神を観続けられない視力の問題と肉体の習慣による自己存在の変化の問題の解決を望みながら、「慎み」をもって暗い存在の底（無形相的生、実存的淵）に下って、その闇を正しく認識し、その闇から向きを変え全力をあげて聖書（イエスキリストの十字架）を通して内なる自己が存在の根源である神の憐れみという光に照らされ、それを認識する中で上昇していき、光の形相を受け、光であり続けるという構造をもつ。これは第1章で言及したように、実際神との合一という神秘体験に至らなくても、自分の精神の目で神を観ようとする人は神に慈しまれ、それによって恵み深い神を所有するようになるというカシキアクムの思想（『至福の生』3,21）と同じ脈絡で捉えるべきではなかろうか。

　このような彼の観想において看過できないことが二つある。それは哲学的訓練を通して洗練された精神の目で神を見て認識・知解するだけでは限界があるという点と、そして死さえも恐れず、自分のすべてをかける勇気と決断をもって罪と欲から離れ、偽りのない真実な心と神への燃える愛をもって、神を観続けようとする点である。この二つの点からすると、キリスト教的信仰によって強化された精神の視力は、決定的にキリストの十字架で現れた神の愛と慈しみによるものであり、それは聖書の中から知らされるものである。この強化され

第 2 章　観想者―『告白録』を中心に

た精神の視力は、ミラノとオスティアでの観想において欠けていたが、司教になって試みるいくつかの観想においては決定的で重要な要素として認められ、取り入れられる。つまり、この強化された精神の視力は、P. ブラウンが言及したアウグスティヌスの劇的な変化によってもたらされたものであろう。つまり 386 〜 391 年まで自力で完成を求めるプラトン主義的理想をもっていたが、それから約 10 年後、恩恵、自由意志、予定説などの教説から見られるような、不完全な存在として神に頼り続ける人間へ変ったこと [80] によって、愛をもって神を観続ける強い精神の視力をもつようになったということである。

　この精神の視力によって、より確実に神を観、認識し続けることができ、不思議な神秘体験を伴う観想の境地にまで至るとアウグスティヌスは信じていたのである。このような観想こそ、アウグスティヌスにとって、人間が被造物としての本来の自分と創造者である神に帰り、自分の可変的本性だけでなく神の不変的本性をもより正しく認識・把握し、自分との関係と神との関係を回復するようにする行為だったのである。そういう意味で彼の観想は単に見て、認識して、知識を得る精神的働きに過ぎないものではない。それは新しい存在にならしめる存在形成運動なのである。

　われわれは発展された彼の観想を通して、一瞬でしかもごくまれな神秘体験として自力で行われるプラトン主義的観想を克服しようとする新しい試みとして、積極的にキリスト教的解釈を施すアウグスティヌスの姿を垣間見ることができる。しかし、可変的世界から離れて神の不変的世界で「天の天」のように理想的観想を行うことを熱望する彼の観想の基本的な構造が、観想を通して感覚の世界からイデア界へ帰ることを強調するプラトンと、観想を通して自分が流出されたところの知性界と一者（神）に帰還するように勧告するプロティノスの思想に基づいていることは否定できないであろう。

9. アウグスティヌスの観想から学ぶ

　① 「観る＝知る＝光になる」から知の重みを知る
　上記で何度も言及したが、アウグスティヌスの観想においては下降（へりくだり）と上昇（神認識）という二つの構造が見られる。ミラノとオスティアでの観想では上昇の道のみが強調されるが、約 10 年後の観想の試みは上昇の道の限界を克服するために下降の道というキリスト教的な要素が付け加えられる。

63

この下降と上昇[81]の構造をもつ彼の観想においていくつかの認識の基準が明らかになっている。一つ目は可変的なもの（被造物）より不変的なもの（創造者としての神）が優れているという認識の基準である。二つ目は可変的な被造物を通して不変的な存在（創造者としての神）が把握されるという認識の基準である。三つ目はこれらの認識を補完するものとして、キリストの受肉と十字架を通して神の憐れみを知解することができるという認識の基準である。これらの認識の基準に基づいて、不変的な存在への愛をもって、天と地のすべての被造物から自分の肉体へ、肉体から自分の魂へ、さらに魂の中で不変的な存在を把握できる精神へ、最終的にはその精神から神へ上昇していくのである。

　三つの認識の基準にしたがって、下降し上昇するこの道のりは、神を観る過程であり、神を知る過程であり、そして光の存在（神のもの）になる過程である。つまり、観ること、知ること、光の存在になることはアウグスティヌスの内側において一つになっているということである。「観る＝知る＝光になる」というアウグスティヌスの思想は、実は第1章で触れたように、この世の欲望、不安、死の恐怖という内面の束縛を脱ぎ捨てて、理性としての自分に帰ることを前提としている。内面の束縛を脱ぎ捨てることと、「観る＝知る＝光になる」ことは、彼の中で深く結びつけられているのである。

　現代のキリスト教信者たちは、簡単に聖書や信仰書籍や牧師の説教などを手に入れ、いつでも手軽に神的光に関して学び、その知識を得ることができるようになった。しかし、彼にとってその知を得る過程というのは、光の存在になるため、この世の不幸にも死の恐怖にも束縛されない強い信念と神に対する燃え上がる愛をもって行われるものであろうか。アウグスティヌスがしたように、そのような信念と愛をもって、聖餐を通して神の知恵であるキリストの体と血に与り、神の恩寵を認識しようとしているのであろうか。彼の観想から、神を知りキリストを知るということの真実さと重みを学びとることができるが、その学びはボンヘッファーが忠告した服従のない「安価な恵み」に慣れ、「高価な恵み」から離れている多くの現代キリスト者に示唆するところは大きい。次の世代にキリストを伝え、キリストに対する信仰を受け継がせる大きな課題を抱えている現代の日韓両教会は、神的光を観ようとし、知ろうとし、神のものになろうとする人たちを産み育て、神学校もこういう人たちを養成することが神から授かっている使命の一つであることを決して忘れてはならない。

　②シャーマニズムも反神秘主義も克服する

第2章　観想者―『告白録』を中心に

「観る＝知る＝光になる」という観想は、アウグスティヌスの教義神学と神秘神学が一体化していることを示している。本書の第一章の真理探究者としてのアウグスティヌスの姿は観想に至ろうとする教義神学に関わり、第二章の観想者としての姿は神秘神学に関わる。この二つの側面は彼の中で一つのものであり、決して分離しているのではない。

教義神学と神秘神学の統合は、アウグスティヌスだけではなく、ほかの古代キリスト教父の思想にも見られると言われるが、もしこの統合がキリスト教会が志向すべき正しい課題であるとするなら、現代の日韓両教会は、観想におけるこの二つの統合に照らしてそれぞれ今の自分の姿を反省し、いい方向にむかって変革していくことができるであろう。

筆者は数年前日本のある教会の牧師の説教を聞いていたとき、その牧師から何度も言われた言葉に少し衝撃を受けたことがある。それは病院で治療できない病にかかった信者が自分の病気のため神に祈るとしても絶対治らない、そんな祈りはしない方がいいと多くの信徒たちを説得しようとする場面であった。その牧師が言っていることの真意にほとんどの信徒が反論を申し立てないであろう。しかしながら、そもそも伝統的な教会理解において教会とはキリストの血と肉（聖餐）によってキリストの体になった、神秘に包まれたところであり、御言葉を伝える手段としての説教も聖餐とともにキリストの神秘を現すものである。祈っても治らないという考え方には神秘の力を看過している誤りがあるのではなかろうか。日本でもいろいろな教派、教会が存在しており、日本のキリスト教会の特徴を次のように一言で表すのは間違いであろうが、あの牧師の姿は、神秘神学的側面から離れ、勉強中心（教義神学的な側面）になっている今の日本のキリスト教会の一面を物語っているのではなかろうか。

逆に韓国のキリスト教会は、祈ったら奇跡が起きるという大胆な説教を好む傾向がある。祈って奇跡が起きることはキリストの神秘の側面から否定できないが、いつの間にか、そのように説教する教会指導者の影響によって教会はシャーマニズム的な要素を受け入れこの世における祝福ばかりを祈るようになったとたびたび批判されていることは事実である。アウグスティヌスの真理探究や観想において見られるように、伝統的に教会は光の存在（神のもの）になるために、そして、古い自分を脱ぎ捨て新しい自分を着るために、洗礼を受け、聖餐に与ることを最も重要な事柄として守ってきた。しかし、祈ったら奇跡が起きる、神のために献金をたくさん捧げれば祝福を受けるというようなことを

祈りと説教の中心にもってくる韓国の多くの牧師は、神の教会を歪んだ神秘主義に導いていることも否定できない。教義神学と神秘神学の健全な統合は、日韓両教会がキリストの神秘を全く否定したり、キリストの神秘をこの世の祝福のために誤用したりしないように働きかけると考えられる。

　③新しい祈りの地平を広げる可能性

　アウグスティヌスの観想において、精神の目で不変的な神を観る際、様々な感覚的表現や情緒的な表現が駆使されているが、その点に注目したい。たとえば、ミラノでは神的光を見るという視覚的表現と神的光を食べるという味覚的な表現とが、オスティアでは不変的知恵に触れるという触覚的表現が出てくる。そして記憶探究においては、回心の体験で知った神が一種の光、声、香気、食物、抱擁として表されているが、これらの表現も視覚、聴覚、臭覚、味覚、触覚といった諸感覚によって神が経験されたかのような印象を与える。聖書を用いる新しい観想的な試みにおいては、神を観ることを神の喜びと憐れみを読むこととして理解することによって神認識を情緒的に表している。

　このように、『告白録』の記事の中でアウグスティヌスに観られ、認識された神が、感覚的・情緒的イメージとして描写されているということは、われわれ現代のキリスト者にどのような意義をもたらすのであろうか。筆者は、観想に関するこれらの記事は、司教になってから書き始めた『告白録』に表れるものであるため、それを読む読者たちに彼自身が経験した神認識を分かりやすく伝えるために感覚的で情緒的な表現をわざと用いたと推測する一方、彼の神秘主義と神認識というのはむしろ部分的ではあろうが、最初から感覚的で情緒的要素を上手に用いる彼の感性も神認識という神秘体験において重要な要因の一つとして働きかけたという可能性もあるであろう。

　いずれにせよ、彼の観想における感覚的情緒的表現は、われわれ現代のキリスト者の祈りに霊感を与え、祈りの世界の幅を広げてくれるものである。例を挙げると、イグナチオ・デ・ロヨラが『霊操』でイメージや想像力を観想の道具とするように、ただ言葉を述べるだけの祈りではなく、言葉はなくても五感の感覚を用いて、記憶や想像の中で聖書の場面を再現し、その場面において自分が聖書の人物と対話することをイメージしながら神の臨在を経験する祈りなどもありうるのである。あるいはヘンリ・ナウェンのように知的障がい者とともにいることを霊的修練とすることによって神の臨在を経験することもあるのではなかろうか。さらに、主に東方教会で発展されたイコンという手段を通し

第2章　観想者─『告白録』を中心に

ても祈り、神の臨在に触れることはキリスト教神秘主義の一つの形だといえる。筆者はある神学校に在学していたとき、授業の一環として数人の学生と三日間ある修道院で霊性訓練を受けたことがあるが、一日5〜6時間祈る訓練であった。特に与えられた祈りの課題というのは、過去の記憶を想起することによってそれまでの自分の人生を5段階に分け、各段階の節目がなぜ区切りのポイントになったかその理由と、その区切りのポイントにおいて神の働きや臨在があったかその痕跡を探すことであった。三日の間にそれを見出した人もいれば、見出せなかった人もいる。ところが、すべてがあいまいで確かなものをつかむことができなかったとしても、学生たちの共通の所感というのは、祈ってとてもよかった、神により近づいたという何とも言えない満足感であった。筆者自身も同じことを感じていた。

　このように、神の臨在を経験する、神（御言葉）に触れられるという意味でのキリスト教的神秘体験は、人間が生まれながらもっている感覚的、情緒的、人格的要素を生かすことによって、その地平が広がる可能性があるのである。

10.　おわりに

　以上、『告白録』に記されているミラノでの観想、オスティアでの観想、記憶探究と欲の探究における観想、「天の天」の理想的観想、そして聖書を用いた新しい観想の試みについて紹介し、それらを通してアウグスティヌスにおける観想理解とその発展過程を探ってみた。そして彼の観想から現代教会が学び反省すべきところについても考察した。

　自分の内面の暗い淵に下降し、存在の根源である神へ上昇するという構造の中で、自分と神に帰り、自分と神を認識し、自分と神との関係を回復し、光の存在になるという存在形相運動としての彼の観想は、全身全霊をもって神に近づこうとする観想者としてのアウグスティヌスの姿を我々に想像させてくれる。その姿というのは、『告白録』執筆までの彼の姿として、「神的光を見る＝神を知る＝神のものになる」という強い信念と神への燃え上がる愛をもって、死の恐怖をはじめこの世のあらゆる欲望と不安という内面の束縛を断ち切るとともに、十字架を通して現れた神の憐れみという光に照らされる中で神のもの（光の存在）になろうとする姿である。アウグスティヌスが自分の観想において切に願い求めたのは、彼自身の骨身にまで価値観、人生観として溶け込むべ

き神の知恵、すなわち光の存在になるために栄養として摂取されなけれらない受肉したイエスキリストであったのである。

「悔い改めなさい。天の国はすでに到来しているからである。」（『マタイによる福音書』4章17節）と人が自分の内側の闇と向き合ってすでに到来した神の憐れみの光を見るように呼びかけているイエスの言葉と、「あなたがたは以前は暗闇でした。しかし、今は主の中にある光です…」（『エフェソの信徒への手紙』5章8節）と闇の存在から光の存在になったことを想起させるパウロの言葉とは、アウグスティヌスの観想において体現されているのではないだろうか。このような意味をもつ彼の観想が、聖書を読み、神について学ぶことで、知的満足を得、何らかの悟りに至ろうとし、祈りにおいては神の慰めや祝福を求めながらも、神のものになるという存在の変化は強く望まない多くの現代のキリスト者に向けて投げかけるメッセージは何であろうか。それは敬虔な者の心に神の国から鳴り響く福音の鐘の音のようにいつも聞こえているのではなかろうか。

次の第三章では、真理探究者、観想者とはかけ離れているように見える、異端や暴徒と闘う教会の戦士としてのアウグスティヌスの姿を紹介する。

第3章　教会の戦士——『洗礼論』を中心に

1. はじめに

　本書の第1章と第2章は、386年回心後のカシキアクムにおけるアウグスティヌスの真理探究者の姿と、約10年後司教になってから書いた『告白録』に表れる観想者の姿について紹介した。この二つの姿はそれぞれ彼の思想の教義神学的側面と神秘神学的側面を表し、彼の中で分離しがたいあり方で共存するものである。真理探究者と観想者の姿という二つなる一つの姿は、内なる自分に立ち返りそこから神を観て認識する過程において、たえず罪、悪、欲望、不安、死の恐怖といったあらゆる内面の束縛を断ち切ろうとする内面的戦いとして描かれる。ところが、この第3章においては、以前とは雰囲気が変わり、カトリック教会の組織内に入って司教としての職務を果たすようになったアウグスティヌスは、当時の教会の秩序と平和を守るために、ドナティストという異端派に対して徹底に攻撃を広げる教会の戦士として登場するのである。神の知恵への愛に燃えていたアウグスティヌスが、当時カトリック教会の敵であったドナティストに対して憤り、国家権力を用いてまで彼らの組織を滅ぼそうとする姿は想像しがたいものである。その姿には全く愛がなく、次のイエスの言葉に背くようにも見える。「しかし、わたしはあなたがたに言う。あなたがたの敵たちを愛しなさい。そしてあなたがたを迫害する者たちのために祈りなさい。」（『マタイによる福音書』5章44節（私訳）、Ego autem dico vobis: Diligite inimicos vestros et orate pro persequentibus vos.）

　筆者は聖書を神の言葉として信じる信仰者の一人であるが、率直に言えば素直には受け入れがたく、理解に苦しむ箇所もいくつかあることを告白する。その中の一つが敵への愛を強調するイエスの言葉である。おそらくイエスのこの言葉につまずいてキリスト教の信仰から遠ざかっている人もいるであろう。イエスが強調する敵への愛は被害者が加害者に対する赦しの愛であるが、被害者が加害者に対して望む処罰、例えば「目には目を、歯には歯を」（『出エジプト記』21章24節）といった正当な処罰も愛として含まれないのであろうか。こ

の疑問について当時カトリック教会に多くの被害を与えたドナティスト撲滅に積極的に携わっていたアウグスティヌスはどのように答えるのであろうか。本章においては、自分の内側のあらゆる束縛を敵とし戦っていた姿とは対照的に、ドナティストという敵との闘いに臨む教会の戦士として戦う彼の姿について紹介することを課題にしたい。主に 401 年に書かれた『洗礼論』を中心に議論する。

2. ドナティスト論争の歴史的背景 [82]

　カシキアクムからアフリカに帰ったアウグスティヌスは、391 年ヒッポで司祭になったころから 412 年ペラギウス論争が始まるまで彼自身の中期の活動 [83] の中において特に目立つドナティストとの論争と撲滅活動に積極的に携わる。この章ではこの論争と撲滅に至るまでの歴史的な背景と、アウグスティヌスがその問題に巻き込まれる中で観想者から教会の戦士へ変わっていく過程を簡単にまとめることにする。

　303 ～ 305 年の間、ローマ帝国においてキリスト教に対する大規模な迫害がディオクレティアヌス帝によって行われた。当時、多くの司教は迫害に屈し、信仰の放棄のしるしとして聖書と典礼の聖なる器を異教の当局者たちに引き渡した。その後 311 年弾圧を止める寛容令が発せられる。同年北アフリカのカルタゴの副司教であったカエキリアヌスがカルタゴの司教になる。ところが、その司教任命式で彼に按手した三人の司教の中に引き渡し者たち（裏切者たち traditores）の一人であると噂されていたフェリックス司教が加わっていたのである。そのことに反発して引き渡し者たちの罪は洗礼や叙階を無効にするため再洗礼と再叙階が必然だと主張する司教たち 80 人が北アフリカ（ヌミディア）で現れる。そして、彼らは 312 年引き渡し者によって叙階されたカエキリアヌス司教の叙階を否定し、カルタゴの司教として別の人物を立てる。その後、この反対派側のカルタゴ司教の後任としてドナトゥス（Donatus）という人物が選ばれる。こうしてこのドナトゥスを支持する勢力、すなわちドナティスト（Donatistae）、ドナティスト教会、ドナトゥスの一派と呼ばれる対抗勢力が北アフリカの歴史の舞台に登場し、アフリカを支持基盤としていくのである。ドナティスト論争はこの時から始まる。ところが、313 年キリスト教が公認されたローマ帝国のコンスタンティヌス大帝は、カトリック教会を背景とするカル

第 3 章 教会の戦士―『洗礼論』を中心に

タゴの司教カエキリアヌスを正統として支持する。翌年アルル教会会議においては、ドナティストが主張する再洗礼が公式的に断罪され、禁じられるようになる。ドナティストは、アルル教会会議以降、一連の措置とローマ帝国の迫害を受けるにもかかわらず、自分たちのみが引き渡し（traditio）の不浄から神の教会として清浄に保たれている選ばれた神の教会であるというアイデンティティを固くもち、より強硬な姿勢でカトリック教会を蔑み、否定し、対立・分離・分裂の道へ突き進む。ドナティストのこの分離は、ローマ帝国の権力の干渉を拒絶し、当時の学芸や哲学などとの一切の対話を拒否することをも意味した[84]。この教会分裂は北アフリカを二分してしまうのである。カトリック教会とドナティストは、同じ信条と同じ典礼をもっていたが、二つのグループのこのような対立[85]は暴動と弾圧を繰り返しながら 100 年以上も続くようになる[86]。

　四世紀後半アウグスティヌスが司教になった時、北アフリカ（ヌミディア）では 85 年間もドナティストとカトリックは相互に敵意を燃やしていた[87]。この北アフリカではカトリック教会は少数派で、ドナティストの教会は主流教会として全体の約三分の二を占めていた[88]。都市と農村と小さな村落にも対立する二派の教会、二派の聖職者、二派の司教がいたが、ドナティストはカトリック教会の洗礼と叙階と贖罪などを無効とみなした。カトリック教会側は自分たちを導き支える指導者を欠いていて、ドナティスト側に主導権を奪われて途方に暮れ意気沮喪した状態にあった。ドナティストは自分たちが殉教者の教会、信仰告白者の後継者、不屈の抵抗者の子孫であり[89]、唯一無垢で清浄な義人たちの教会だと主張していたのである。母モニカが死んだ後 388 年アウグスティヌスは彼の一行と共にオスティアからそのような教会対立と分裂の状況が何十年も続くアフリカのカルタゴに着き、さらにそこを離れ故郷タガステに落ち着く[90]。タガステで 2 年間過ごした後、聖書を読む生活を営むための修道院を建てる目的で 391 年の春、アウグスティヌスと彼の一行はアフリカ第二の港町、ヒッポ・レギウスに移住する。この時まで彼は観想的哲学者であった[91]。

　ヒッポにやってきたアウグスティヌスは当時ヒッポの司教ウァレリウスの強い勧誘によって司祭になり、念願の修道院を建て彼の一行と多くの新しいメンバーで清貧と貞潔を守る厳格な修道院的生活をするようになる。ところが、アウグスティヌスはヒッポの司祭になることによって、観想の生活から実践的な牧会活動に専念するようになる[92]。こうして 386 年から 391 年まで自力でプラ

71

トン主義的観想に至ることができると信じていた彼の希望は消え失せていくのである[93]。

当時ヒッポでカトリック教会の司祭と司教になるアウグスティヌスは、パウロの書簡を読み、パウロの実践的な牧会活動に影響される。特に書簡の中に表れる信徒たちに対するパウロの権威に学び、聖書の権威を用いて信徒と接し、聖書の権威に基づいて敵を攻撃する。彼は敵への攻撃的な態度を信徒たちのための適切な武器として見なし、その能力を鍛えあげていく[94]。

一方、アウグスティヌスがヒッポにやってきた頃、ドナティストが主流教会として勢力を拡大していたヌミディアですべてのカトリック教会は、ドナティスト教会に吸収されるところまできていた。当時ヒッポにおいてもカトリックは少数派で、多数派のドナティストによって少数派のカトリックは見下されていた。これが393年頃の状況であるが、その頃からアウグスティヌスと彼の同僚たちは、ドナティスト教会に対して敵対的な態度をとるようになる[95]。

396年ヒッポの司教に選出されたアウグスティヌスは、古代ヌミディア教区全域の司教でもあったため、一度も訪れたことのない地方で起こった出来事にも関心を持たざるを得なかった。そして、彼の存在はヒッポ町の首長のような公共的な人士でもあった[96]。当時、ドナティスト問題に部外者としてやってきたアウグスティヌスの働きにより、ヒッポはキリスト教の町になり、カトリック教会は擁護され、ドナティストは町から駆逐されていく[97]。

当時公共的な人士であった彼は、土地所有者と小作人との間の小作料についての仲裁をするなど、裁定の権限をもって多くの時間を訴訟事件の仲裁に使っていた。カトリック教会の信徒だけでなく、異教徒や異端派の者たちの訴訟にも関わった[98]。P. ブラウンによると、キリスト教的原則に照らして、仲裁し、判決を下す仕事は、教会での論争のための大きなトレーニングであったという[99]。

アフリカにおいてローマ帝国に支持され、皇帝の法的な認可を受ける唯一の機関であったカトリック教会と、ローマの法と秩序を脅威する勢力であったドナティストの対立と衝突の激しさは、ドナティスト派の暴力とカトリック教会の味方であった俗権による武力行使によって増していた。最初アウグスティヌスはドナティストたちの問題を俗権の武力行使を通して解決することを望まず、彼らに向かって謙遜さと包容性を訴え、積極的に彼らを叱責し矯正しようとした[100]。しかし、アウグスティヌスは、巡回僧たち[101]（circumcelliones）

第3章 教会の戦士―『洗礼論』を中心に

というドナティスト教会の過激派による残虐な暴行が各地で起こるなどますます暴力的になっていくドナティスト派の体制を俗権に頼ってでも転覆することを望むようになる。そして、カトリック教会の声として攻撃的に戦闘を開始し、自分の中年期をドナティストの撲滅運動に捧げるのである[102]。

　404年ドナティスト派の暴力のため、アウグスティヌスと彼の同僚の司教たちは、教会会議で帝国による警察保護と鎮圧を求め、ドナティストの残虐行為を報告する。それが受け入れられその翌年「統一勅令」が出されると、ドナティスト派は異端と断罪され、彼らの教会は解散させられ、彼らの指導者は移住させられる。アウグスティヌスは彼らの教会をカトリック教会に吸収する任務に当たる。P. ブラウンによると、当時のアウグスティヌスは、ドナティストの問題を解決する方法として、帝国の権力による弾圧を許す方向に半ば踏み出していたという[103]。

　その後も紛争は続くが、いよいよ決着の時を迎える。411年にホノリウス帝の命令によってカルタゴでカトリック教会とドナティスト派両側の代表団が集まり、どちらが真のカトリック教会であるかを比較検討する「比較協議会」（Collatio）が開かれる。そこでアウグスティヌスはカトリック教会側の主な代弁者として重要な役割を担い、ドナティストを敗訴に導く。翌年412年「ドナティスト鎮圧令」が発されることによって、ドナティスト派教会とその財産は没収され、カトリック教会に加わらないドナティストたちは極めて重い罰金が科せられるなど徹底さをもって弾圧された[104]。それ以降もドナティスト派の勢力は抵抗し続けるが、次第に消滅していく。アウグスティヌスは約30年間この問題に関わり続けるのである[105]。

　アウグスティヌスはヒッポの司祭としてカトリック教会組織の中に入ってからドナティスト教会に対して敵対的な態度をとり、次のようないくつかの書物を通してドナティスト派を論駁する。『洗礼論』（400-401年）、『ペティリアヌスの手紙批判』（400-402年）、『カトリック教会の一致』（405年頃）、『ドナティストの文法学者クレコニウスに対して』（405-406年）、そして、『ドナティストの矯正』（または『手紙』一八五）（417年）などである[106]。

　本章においては、上記のドナティスト論争の歴史的背景を踏まえて、ドナティスト論争のすべての過程においておそらく最も重要な著書である[107]『洗礼論』を取り上げ、その中に議論されるドナティストたちの主張と彼らに対するアウグスティヌスの論駁について検討する。

3. ドナティスト派の主張

　アウグスティヌスは、洗礼に関するドナティストの主張を反駁する際、次のような四つの前提を提示する。

　第一、カトリック教会の中に洗礼がある。

　第二、カトリック教会においてのみ正しく洗礼が授けられる。

　第三、ドナティストのうちにも洗礼がある。

　第四、ドナティストの下では洗礼は正しく授けられない。

　しかしながら、ドナティストはこの四つの中で第一、第二、第四を否定し、第三のみを認める。つまり、ドナティスト側からすると、四つの前提は次のように変わる。

　第一、カトリック教会の中には洗礼は存在しない。

　第二、カトリック教会においては洗礼が正しく授けられない。

　第三、ドナティストのうちにのみ洗礼が存在する。

　第四、ドナティストのうちにのみ洗礼が正しく授けられる。

　これがドナティストの主張なのである（I,3,4）。

　ドナティストは、彼らの教団においてのみ洗礼が存在し、正しく施されるため、自分たちの教会が洗礼を通してキリストの子らを生むことができる唯一の母なる教会であるという。そして、この唯一の母なる教会、ただ一つしかないキリストの教会の中においてのみ、聖霊は罪の赦しの働きをすると主張する。それに対して教会の外、すなわちキリストの教会でないカトリック教会においては、罪の赦しはなく、聖霊の働きもありえないと批判する（I,11,15）。このようにアウグスティヌスが『洗礼論』を書いていた当時、ドナティストたちは元々自分たちが属していたカトリック教会は決して神の教会ではないと非難中傷し、カトリック教会を背教者としてとがめ立て（VII,25,49）、カトリック教会から完全に分離していた。それのみならず、引渡し者たちによって汚染されたカトリック教会から、ドナティスト教会に戻ってくる人は、カトリック教会ですでに洗礼を授けられたとしても、その洗礼を否定して再洗礼を授けるべきだと考えていたのである（I,1,2; III,1,1）。

　後述で詳しく紹介するが、ドナティストの主張のように、以前授けられた洗礼を汚されたものとみなし再洗礼を施すということは、それ以前のカトリック

第3章　教会の戦士──『洗礼論』を中心に

教会の慣習にはなかった。ところが、ドナティストは再洗礼を実施する根拠を、ドナティスト派が生じる数十年前、すなわち256年カルタゴ教会会議での殉教者キプリアヌスの見解と同会議に出席した多くの司教たちの見解に置いていた。このカルタゴ教会会議で、キプリアヌスを始め、アフリカの諸教会に属するおよそ80人の司教がそれぞれの見解を述べる（I,18,28）。教会会議の議事録に載っている彼らの発言を、アウグスティヌスはキプリアヌスの『異端者の洗礼について司教たちの八七の意見』から引用し、自分の著書『洗礼論』第六巻、第七巻に紹介しているのである。

　この会議での司教たちの主張は主に二つにまとめられる。一つはカトリック教会の外で受けた異端者の洗礼を容認してはいけないことで、もう一つはそのため異端者の洗礼を受けた人がカトリック教会に復帰する場合、必ず再洗礼を行わなければならないことである。その教会会議において出された司教たちの次のいくつかの発言を通しても、異端側からカトリック教会に戻ってきた人たちの再洗礼の問題に関する当時のアフリカの司教たちの考えがはっきりと表れる。

　「もろもろの異端は何ももっていないし、何ももつことができないのは明白であるからである。そういうわけで、もし彼ら（異端者たち）のもとからだれかが帰ってくるなら、洗礼されるべきだという決定がなされたのは極めて至当なことである[108]」

　「…父なる神は一つであり、キリストも一つ、希望も一つ、聖霊も一つ、教会も一つであるから、洗礼も一つでなければならない。それゆえ、異端者らのもとで開始されたもの、もしくは形成されたものがもし何かあるなら、無効にされなければならないし、彼らのもとから出てきて復帰する者たちは教会において洗礼を受けるべきであると、私は主張する[109]。」

　「キリストは真理であるゆえに、慣習よりも真理にわたしたちはしたがうべきである。こうしてわたしたちは、教会の外では何も受けることができなかったので、私たちのもとにきている異端者たちを教会の洗礼によって聖めることができる[110]。」

　次はドナティストたちが再洗礼の根拠として最も大きな権威としていたキプリアヌスの見解も見てみよう。

　「わたしの同僚のユバイアヌスに書き送った手紙のなかにわたしの見解は最も詳しく表現されている。すなわち、福音と使徒たちとの証言によれば異端者

らはキリストの敵またアンチ・クリストと呼ばれているが、彼らが教会に立ち帰るときには、教会の唯一の洗礼により洗礼されなければならない。それは彼らが敵から友に、アンチ・クリストからキリスト信徒にされるためである[111]。」

キプリアヌスは、こうした信念をもってカトリック教会の統一の中にある洗礼を否定し、洗礼を持って逃げた分離派の人たちを神に対する熱心さのゆえに厳しく退けていた（VI,1,2）。

そして、当時キプリアヌスと彼の同僚の司教たちは、教会分離を犯した異端者たちが洗礼を授ける権をもたず、サクラメントの使用とその働きによって得られる罪の赦しと心の正しさも得られないため、サクラメントそのものが彼らのところには存在しないと考えていた（II,2,2; VI,1,1）。ゆえに異端者たちによって洗礼を授けられたすべての人は、カトリック教会に入ろうとするならば、カトリック教会の中で再び洗礼を授けられ、聖化されるべきだと主張したのである（II,2,2-3）。ドナティストはこのキプリアヌスと彼の同僚たちの意見を権威とし、ドナティスト教会に入会する信徒たちに再び洗礼を授けていたのである（I,19,29）。

4. ドナティスト派の主張に対するアウグスティヌスの論駁

アウグスティヌスは、ドナティストたちの主張を論駁するため、彼らの行いの矛盾、古い教会の慣習、キプリアヌスの実際の行い、洗礼の意味、そして教会分離の意味について論じていく。

4.1. ドナティストの矛盾について

ドナティストたちの主張を反駁するに当たり、まずアウグスティヌスは、彼らが抱えていた現実的問題を取り上げる。当時ドナティスト内部においても無数の分派があって、それらの各小分派は自分たちの中においてのみ真の洗礼が存在し、その外には存在しないと主張していた。結局ドナティスト教会の中においても違う分派の洗礼を受け入れることは非難されるべきことだったので、真の洗礼というのはどの分派の中にあるのか分からないことになる（I,6,8）。

当時そのような状況の中で、ドナティストは自分たちの教会から分離していったマクシミアヌス派という分離派の人たちを再び受け入れる際、再洗礼を行わなかったことがある。最初ドナティストはその分離派を背信者として迫害し

たが、その分離派においてすでに洗礼を受けた人たちや洗礼を授けた人たちが元のドナティスト教会に連れ戻された時、すでに授けられた洗礼を認めて彼らに再洗礼を施さなかったのである（II,11,16; III,2,3）。

　もしマクシミアヌス派の人たちを再洗礼なしに受け入れたドナティスト教会の行為が間違っていないとみなすなら、聖書を引き渡した背教者たちや彼らから洗礼を受けた人たちを再洗礼なしにカトリック教会に受け入れることは何の問題にならないことになる。このように、アウグスティヌスは再洗礼に関するドナティストの主張と実際の行いの矛盾に突っ込み、迫害時代に聖書を引き渡した背教者たちを受け入れたカトリック教会を否定し再洗礼を主張するドナティストを論駁したのである。

4.2.　教会の古い習慣について

　次に、アウグスティヌスは、使徒たち自身によって伝承され依託されたものと信じられる教会の古い慣習（consuetudo、II,7,12）を通して、ドナティストたちの主張を駁論する。

　キプリアヌスは異端者たちのところにはサクラメントの働きと使用が存在しないと思い再洗礼を主張していたが（VI,1,1）、彼自身もすでに洗礼を受けた異端者を洗礼なしに受け入れる教会の古い慣習については知っていた。そして、256 年のカルタゴ教会会議に出席した司教たちによっても、そのような教会の慣習は繰り返し述べられていた（VII,25,49）。

　たとえば、カルタゴ会議でヴァガのリボスス司教の発言から教会慣習を知ることができる。

　「たとえある人が過去において教会の中で異端者たちに洗礼を施さなかったとしても、今や洗礼を開始しうるであろう[112]。」

　この司教の発言は教会の古い慣習が存在していたことを示すものであるとアウグスティヌスは認識する（VI,37,72）。ところがこの慣習は、キプリアヌスの前任者であるアグリッピヌスによって修正されはじめ（II,7,12）、キプリアヌスと彼の同僚の司教たちによって否定されるようになる（VI,1,1）[113]。しかし、256 年のカルタゴ教会会議で教会の古い慣習を否定するキプリアヌスと司教たちの意見にアウグスティヌスは同意しない（VII,25,49）。同意しない根拠として、地方の教会会議より全体教会会議の方が、前代の全体教会会議より後代の全体教会会議の方が権威において上位にあるという論理で教会会議の権威の問題に

ついて触れる。つまり、アウグスティヌスはカルタゴで開かれた地方の教会会議に出席した司教たちが教会の古い慣習を知っていたことを指摘しながら、この地方の教会会議より、教会の古い慣習を確認し確定した 314 年の全体教会会議の方が権威があるためそれに服すべきであり、前代の全体教会会議は後代の全体教会会議による修正を受けるべきだといい、教会の古い慣習を否定する彼らの主張に同意できない理由を述べるのである（II,3,4、II,5,6、II,9,14）。実際、カルタゴ教会会議の再洗礼に関するキプリアヌスの意見は、より大きな規模の全体教会会議である 314 年のアルル教会会議によって否定されたが、アウグスティヌスはこのことを指摘することによって、彼は教会の古い慣習に逆らうドナティストの主張に反論する（VI,2,3）。そして、より大きい権威である 314 年のアルルの全体教会会議の決定にしたがって教会から離れた異端者たちを再洗礼なしに受け入れる教会の古い慣習を正しく保持すべきであると強調する（VI,1,1; VII,27,53）。このように彼は教会の古い慣習を通してドナティストを駁論するのである。

4.3. キプリアヌスの行動について

　上記ですでに言及したように、教会の古い慣習に逆らってキプリアヌスはカトリック教会から分離した異端者の洗礼を否定し、その異端者から洗礼を受けてカトリック教会に入会する人に再洗礼を授けることに同意した。ところが、ドナティストが自分たちの主張の根拠としていたキプリアヌスの発言に相反するようにも見える彼の行為を明らかにすることによって、ドナティストの誤りを批判する（I,1,1）。

　キプリアヌスが実際行った行為というのは、キプリアヌス自身の意見と異なり、異端者を再洗礼なしに教会の中に受け入れる教会の古い慣習に従う他のカトリックの信徒たちと対立したり、彼らから分離したり、新しい教団を造ったりしなかったということである（I,18,28）。異端者の洗礼を否定し再洗礼の必要性を主張する彼の意見は、彼自身が取った行動とは一致しない。この言動の不一致は何を意味するのであろうか。彼の偽りや弱さなのであろうか。キプリアヌスが自らの主張と合わない行動をとったことを、大義を果たす謙遜の精神から出たものとしてアウグスティヌスは理解する。「私たちはだれをも裁かないし、違った考えをいだいていてもある人を教会の交わりに加わる権利から遠ざけるものではない[114]」といい、キプリアヌスは当時異端者に洗礼を施さず

第3章 教会の戦士―『洗礼論』を中心に

教会に受け入れた人たちとの交わりに最後までとどまった（II,2,3; VII,2,3）。キプリアヌスは再洗礼に関して異なった意見を持っていたが、教会の一致の絆を自分の意見より優先させたのである（II,5,6）。キプリアヌスは、決して自分の意見を変えたわけではないが、とにかく最後まで違う意見を持つ人たちと、彼らによって受け入れられた異端者とを耐え忍んで、彼らとの交わりにとどまっていた。これが大義を果たす彼の謙遜の精神なのである。彼が教会の交わりの中にとどまった理由というのは、麦を毒麦といっしょに引き抜かないためであったのである（VII,15,29; VII,17,33）。

このように、キプリアヌスは、当時あった教会の慣習に逆らって再洗礼を主張したにもかかわらず、カトリックから離れることなく、新しい教団を造ることなく、意見が違ってもカトリック教会の一致の中にとどまろうとしたのである。アウグスティヌスにとって、異なる意見を理由とし多くの信徒たちとともに当時のカトリック教会から出ていく行為は、平和の絆を破る瀆神的犯罪であった。しかし、キプリアヌスは、その冒瀆の罪を犯さず、平和の人として、他の信徒たちもカトリック教会の平和の絆において互いに愛のうちに忍び合い、霊による教会の一致を謙遜に信仰深く守るように努めたのである。アウグスティヌスは、彼のこういう行為を高く評価する（I,18,28; VI,2,3）。

教会の一致を最も大事にするキプリアヌスの実際の行為に加え、カトリック教会から離れた異端者たちの罪の赦しの問題や人によって汚されない教会の貞潔さについても、キプリアヌスがどのように考えていたのかを次のように紹介することによって、キプリアヌスに自分たちの主張の根拠をおくドナティストを駁論する。キプリアヌスは教会の統一から離れた人たちさえも一致そのものの絆のゆえに罪の赦しに与ると考えていた（II,13,18）。さらにユダのように真理を裏切った違反者を洗礼なしに受け入れる教会の慣習やその違反者たちとの交わりによって自分もカトリック教会全体も決して汚されないと考え、それを強調した（VI,37,72; VII,4,7）。アウグスティヌスによると、もしキプリアヌスが異端者との交わりのため、汚されたとすれば、彼だけではなく、当時異端者たちを受け入れたカトリック教会のすべての信徒はユダのようになっていたはずであり、そしてその交わりを受け継いできた後代の人たち、つまりアウグスティヌスの時代のカトリックの信者は全員ユダになってしまうという。キプリアヌスの時代はドナティストもカトリック教会の統一の中にまだとどまっていたため、同じくイエスを売り渡したユダのようになってしまうのである（VII,2,3;

VII,25,49)。

　この論理からすると、ドナティストの主張通り、キプリアヌスの殉教後数十年経ってから、聖書を引き渡した先祖たちの背教によって当時のカトリック教会が汚染されたとしたら、カトリック教会の信徒たちはすべて汚染されたまま死んだことになる。すると、当時ドナティストはまだカトリック教会から離れていなかったため、当然ドナティストも汚染され、死んだことになり、後代のドナティスト教会の人たちも同じ状態に置かれていることになる。キプリアヌス時代にまでさかのぼってドナティストの主張通りに検証してみると教会はどこにも存在しなくなるという帰結に至る。この間違った帰結をドナティスト駁論の材料としながら、アウグスティヌスは、キプリアヌスの時、裏切者によって教会は汚されなかったように、聖書を引き渡した裏切者たちによって教会は汚されることはなかったという。アウグスティヌスにとって、聖書を引き渡した先祖たちの違反はドナティストともカトリック教会の使徒たちとも無関係であり、むしろ聖書を引き渡し、焼いた罪より、教会分裂を犯した罪がより重く罰せられるものだったのである（II,6,9; III,2,3; VII,2,3）。

　アウグスティヌスのこのような論駁から判断すると、再洗礼の必要性を主張しながらも、異端者によって決して汚されない教会の統一と交わりの中に謙遜な精神をもってとどまり続けたキプリアヌスを自分たちの権威とするドナティストは、カトリック教会を非難する理由も、カトリック教会から分離する正当性も持てなくなるのである。

4.4. 洗礼について

　引き続き、アウグスティヌスは洗礼の意味を説く中でドナティストを反駁する。アウグスティヌスによると、洗礼というのは、キリストを着るために授けられるものであるが（『ガラテヤの信徒への手紙』3章27節、I,14,22）、その際「父と子と聖霊の御名において」（『マタイによる福音書』28章19節）という福音のことばが伴われる。なぜなら、この福音のことばにおいて現存する神は、この言葉によってサクラメントにおいて現臨し、そのサクラメントを聖別するからである。そういう意味で、洗礼はキリストによって施されるものとして理解される（VII,14,26）。もしこの福音のことばが洗礼に欠けているならば、キリストの洗礼は存在しない（V,20,27; VI,25,47; VI,36,69）。

　洗礼は福音の言葉と神の現存によって完全無欠な聖なるものになるが、ただ

第3章 教会の戦士─『洗礼論』を中心に

神の現存を現す聖霊は、すでに洗礼を受けたとしても、教会内の回心しない悪しき者たちや教会から離れた異端者たちから去る（V,21,29）。というのは、聖霊はしみもしわもない貞潔なカトリック教会の一致と平和においてのみ現存し続けるからである（III,16,21）。ところが、聖霊が回心しない人から立ち去るとしても、洗礼はそれを受ける人の中に福音の言葉の現存によって聖なるものとして存在し続ける（III,15,20; V,23,33; V,24,34）。

洗礼を受けた人が堕落の状態にあっても、洗礼のサクラメントは存在し続けるというのは、どのような意味であろうか。それは洗礼を受けた人も、洗礼のサクラメントを授与する権を持つ祭司（V,16,20）も、カトリック教会の一致から離れるとしても、洗礼のサクラメントやそれを授与する権はいつまでも有効であり、決して失うことはないこと[115]を意味する（I,1,2）。授ける者と受ける者が邪悪な心をもつ人間であるにせよ、キリストの洗礼は彼らによって害されえない（VI,1,1）。悪魔に与する人さえもキリストのサクラメントを汚すことはできないのである（IV,12,18）。

このように、キリストの洗礼はそれを受けた人が完全な信仰がなくとも、受洗者の中に完全に留まる（III,14,19）。受洗者は教会から離れるとしても、洗礼は受洗者から離れえない（V,15,20）。福音書の言葉がどこにおいても完全であるのと同じく、洗礼は受洗者の中で完全なものでありつづける（III,15,20）。洗礼の完全無欠な神聖は人間の善と悪に応じて増大も減少もせず、正しさや不義によってよりよくなったりより悪くなったりもせず、常に等しく保つという（IV,21,28; VI,2,4; VI,5,7）。

洗礼固有の完全無欠な神聖性により、アウグスティヌスにとって洗礼というのは、カトリック教会だけではなく、その教会の外の異端者たちにも存在していることは否定されてはいけない（VI,21,37）。つまり、共通の教会をもたない人たちでも、聖別された完全無欠な洗礼を共同的に所有することを承認し、尊重しなければならないということである（III,10,13; VI,36,69; VII,16,31; VII,19,37; VII,44,87）。したがって、異端者たちにおいても洗礼のサクラメントを授けることができるのである。ただしアウグスティヌスは、洗礼のサクラメントを所有するとしても、カトリック教会から離れた異端者たちには罪の赦しがないことを強調する（VI,5,7; VII,29,57; VII,44,87）。

アウグスティヌスは、『洗礼論』において繰り返し、カトリック教会においてだけでなくカトリック教会から離れ去ったドナティスト教会においても洗礼

81

の神聖性と有効性を認めているが、その理由としては、すでに上記で言及したように洗礼のサクラメントに宿っている聖書の言葉の有効性が挙げられる。ところが、アグスティヌスには異端者の教会における洗礼の有効性を認めざるを得ないもう一つの理由がある。それはカトリック教会の内部に存在する回心しない悪しき者だちの再洗礼をも認めざるを得なくなるという問題に関わる。もし異端者たちがカトリック教会から離れていて戻ってくる際、その罪によって彼らがもっている洗礼が無効になり、それで再洗礼を受けることになるとすると、カトリック教会内の悪しき者もその罪によって洗礼のサクラメントが汚され、もう一度洗礼を受けなければならないという問題が生じる（VI,18,31）。言い換えれば、洗礼が人間の悪によって汚されてしまう不完全なものであるとしたら、教会から離れて再び教会に立ち戻るたびに洗礼をうけなければならないだけでなく、教会内にとどまってすでに洗礼を受けた悪しき者も、何度も洗礼を受けなければならなくなってしまうのである（VI,24,43; VI,30,57）。しかし、洗礼はそれ自身において神聖性と完全無欠性を保っており、如何なるものも洗礼そのものの完全性には関わりをもたない（VI,24,43 Sed nihil interest ad integritatem Baptismi）。それゆえ、カトリック教会において洗礼を受けた信徒や洗礼を授ける司祭が、カトリック教会から離れ去ってから再び復帰する場合でも、そのようなサクラメントをすでに自分の身に帯びていることにより、再洗礼や再叙階を受ける必要はまったくないのである（I,1,2）。

　アウグスティヌスは、このような議論を通して再洗礼の主張するドナティストが誤謬に陥っていると批判するのである。

4.5. 教会と教会分離について

　最後に、アウグスティヌスは、キリストの洗礼をもつカトリック教会とその教会からの分離について論じることによって、ドナティストの誤りの核心に迫る。

　アウグスティヌスにとって、神の家であるカトリック教会は、岩の上に建てられており（『マタイによる福音書』16 章 18 節）、慎み深く貞潔であり、しみもしわもない美しい花嫁[116]（『エフェソの信徒への手紙』5 章 27 節）であり、唯一の鳩（『雅歌』6 章 9 節）である。このような神の家は、神の宮である信徒から成っており、彼らは善良で信仰深い者として、いたるところに散っており、相互に面識があろうとなかろうと、霊的一致によりサクラメントの同一の

第 3 章　教会の戦士―『洗礼論』を中心に

交わりのうちに固く結び付けられている。そして、「愛をもって互いに忍びあい、平和の絆で結ばれ、聖霊による統一を守るように努めている」（『エフェソの信徒への手紙』4章2～3節）（VII,51,99）。また、彼らは聖霊を所有していることによって、真実に神へと回心し罪の赦しを得た人に対して罪の赦しの宣言ができる霊的権限をもつ。「聖霊を受けなさい。だれの罪でも、あなたがたが赦せば、その罪は赦される。だれの罪でも、あなたがたが赦さなければ、赦されないまま残る[117]。」つまり、教会の統一において結ばれている聖徒たちは、イエスから与えられたこの権限をもって、回心する者のもろもろの罪を赦すと宣言することができるのである。この罪の赦しの宣言は、教会の統一の中に留まる善良な子たちに対してであって、ドナティストのような邪悪な生活をする人たちに対してではないという（VI,1,1）。

　アウグスティヌスによると、聖霊を所有している聖徒たちによる罪の赦しの宣言というのは、文字通りに二つの側面を有する。一つは罪の赦しを決定する主体は聖霊であること、もう一つは聖霊の決定を認識し、宣言するのは聖徒たちという教会の一致、統一、平和である。つまり、罪の赦しというのは、愛により深く一致しているすべての聖徒たちに与えられている同一なる聖霊が罪を赦すことであり、聖霊を与えられた聖徒たちは聖霊の代理者として罪の宣言を行うということである。このように、罪の赦しの決定は聖霊によるものであるため、聖霊の決定を深く認識できる聖徒たちは、ほかの信徒の犯した罪を赦したり、留めておくことができるのである（VI,3,5; VI,4,6）。

　言い換えれば、聖徒たちが信徒の罪を赦したり留めたりするというのは、邪悪な生活から離れ聖なる愛にしたがって聖霊を所有しているこの聖徒たちの平和と一致、唯一の完全な鳩である教会の一致が、罪を赦したり留めたりすることなのである。「教会の平和は罪を赦し、教会の平和からの分離は罪を留めるのである。…磐が留め、磐が赦すのである。鳩が留め、鳩が赦すのである。教会の一致が留め、教会の一致が赦すのである。」（III,18,23 pax Ecclesiae dimittit peccata, et ab Ecclesiae pace alienatio tenet peccata,…Petra enim tenet, petra dimittit: columba tenet, columba dimittit: unitas tenet, unitas dimittit.）つまり、例外[118]はあるにしても、基本的にこの教会の一致の外においては、罪の赦しはありえないということである（III,17,22; III,18,23）。アウグスティヌスは、罪の赦しをもたらすカトリック教会の一致を守り続けようとし、可能であれば異なる意見を持つ人たちともその交わりに与ろうと努力する。し

83

かし、ドナティスト教会はカトリック教会に対する憎悪（I,11,16）で教会の一致から離れ去っていることによって罪が留めおかれた状態にあったのである。

アウグスティヌスにとり罪が留めおかれたこの分離状態には二つの対照的な意味合いがある。一つは、意見の違いによって切り離されているという点であり、もう一つは洗礼のサクラメントによっては完全には切り離されていない点である。意見の違いによって切り離されているというのは、ドナティストたちが、カトリックと異なった意見を持っている点において、つまり一なる教会の中で受け学んだことと異なることを欲する点において教会の一致の中にとどまっておらず、結ばれていないことを意味する（I,1,2）。同時に、洗礼のサクラメントによってドナティストはカトリック教会から完全に切り離されてはいない。たとえば、ドナティストの人たちが自分たちの教会で、カトリック教会と同じ洗礼を施す場合、その部分においては洗礼を授けた人々も授けられた人々も分離しておらず、カトリック教会に結ばれている味方である。彼らがカトリック教会に復帰する場合は、すでに結ばれている部分については癒される必要はなくただ認知されるだけである（I,8,10 - 11）。このように、ドナティストの分離状態というのは、意見の違いによって教会の愛と平和の絆から離れているにもかかわらず、一なる洗礼を通して部分的に結ばれているという側面もあるのである。そして、ドナティストがキリストの洗礼によってカトリック教会に結ばれていることを認めることは、アウグスティヌスにとって、ドナティストを通しても洗礼を受ける人たちが偶像崇拝と不信仰の傷から癒され(I,8,10)、ドナティスト教会においてもキリストの子が生まれる可能性を認めることを意味する[119]。

アウグスティヌスは教会分離の状態における肯定的な側面、すなわち洗礼の有効性を通した教会の一致への復帰の扉がいつまでも開かれている点を見出す一方、教会分離という恐ろしい瀆聖の罪を激しく批判する（I,5,6; II,7,11）。彼にとって、カトリック教会から分離し、兄弟的な平和の絆に反対し、教会の一致を破壊するドナティストの行為は最も非道な罪であり（I,13,21）、すべての罪より重い瀆聖の罪であった（II,7,11）。なぜドナティストの教会分離が瀆聖の罪になるかというと、罪を赦す聖霊によって保たれている聖徒たちの平和と一致、すなわちキリストの体なる教会の統一を破壊し、結局それが神を蔑することになるからである（II,10,15; IV,7,10; VI,5,7）。たとえ誰かが無知のゆえにドナティスト教会が正しいと思い込み、彼らのもとで洗礼を受けるとしても、

第 3 章　教会の戦士―『洗礼論』を中心に

教会分離という瀆聖の罪によって傷つけられており、その罪は軽くない（I,5,6）。殉教のような信仰の行為さえも、母なる教会の外で行われるものであれば、教会の一致への愛が欠けていることになり、それゆえ、無益なことになってしまうという（『コリントの信徒への手紙一』13 章 3 節、IV,17,24; II,5,6）。アウグスティヌスにとって教会の一致への愛をもっていないドナティストにはすべての善は役に立たず、永遠の救いに到達することもできないのである（I,9,12; III,16,21; III,13,18）。

　このようにアウグスティヌスは、母なる教会からの分裂がいかに救いがたい恐ろしい罪なのかについて論じることによって、ドナティストたちの誤謬を明らかにするのである。

5.　アウグスティヌスの論駁における彼の攻撃性とその思想的背景

　今まで述べてきたドナティストをめぐる諸問題を簡単に振りかえった後、ドナティスト駁論におけるアウグスティヌスの攻撃性とその思想的背景について考察することにしよう。

　まずはじめに紹介したのは、ドナティスト論争がどのような歴史的背景をもっているのかについてである。303 ～ 305 年の間の大規模な迫害の時、迫害に屈して聖書を引き渡した背教者たちの一人によって叙階された司教の問題が発端で北アフリカにおいてカトリック教会とドナティスト派が分離・衝突し、それが 100 年以上続く。4 世紀後半頃北アフリカのヒッポのカトリック教会の司教として活躍するアウグスティヌスは、両側の対立の最中に巻き込まれるが、カトリック教会を支持するローマ帝国の武力を頼ってドナティストの行き過ぎた暴動を鎮め、教会の一致を守ろうとする。

　そして、アウグスティヌスのドナティスト駁論の内容を検討するに先立って、ドナティスト側の主張を紹介した。ドナティストは、自派の教会が聖霊の臨在と罪の赦しがある唯一のキリストの教会として、自派の教会のみが洗礼をもち、それを正しく授けられると信じていた。彼らはカトリック教会の洗礼を否定していたため、カトリック教会から自派の教会に入会する人たちには再洗礼を施すべきだと主張したが、その根拠として、彼らは 256 年のカルタゴ教会会議におけるキプリアヌスの意見と同僚の司教たちの意見を挙げる。

　また、ドナティスト側の主張の誤りを明らかにするアウグスティヌスの駁論

85

を次のように五つの点に分けて説明した。

　第一、アウグスティヌスはドナティスト派の矛盾を指摘する。カトリック教会から来る人たちの再洗礼を主張するドナティスト派の中に無数の分離派が存在していたが、それらの分離派の人々がドナティスト教会に立ち戻るときは再洗礼を施さなかった。アウグスティヌスはこの二重的な態度をドナティストの矛盾として指摘する。

　第二、アウグスティヌスは教会の古い慣習を通して駁論する。当時ドナティストたちが再洗礼の根拠として頼っていたキプリアヌスと同僚の司教たちは、256年北アフリカの地方の教会会議ですでに洗礼を受けた異端者を再洗礼なしにカトリック教会の中に受け入れていた教会の古い慣習を知っていながらもそれを否定していた。しかし、教会の古い慣習を否定したその地方の教会会議より、教会の古い慣習を認め確定した314年の全体教会会議の権威が大きいため、このより大きい権威に従って古い慣習を守らなければならないといい、ドナティストの再洗礼を反駁する。

　第三、ドナティストが権威としていたキプリアヌスの考えと行動を明らかにすることで逆にアウグスティヌスは彼らの主張を論駁する。キプリアヌスは、再洗礼なしに異端者を教会に受け入れるという教会の古い習慣を否定したにもかかわらず、カトリック教会の一致の平和の絆から離れることなく、その中にとどまっていた。そして、キプリアヌスは教会の古い慣習によって教会が汚染されると思っていなかった。このようなキプリアヌスの行動と考えからすると、ドナティストによる教会分離は一切妥当性はないのである。

　第四、アウグスティヌスは、洗礼の意味を詳しく解くことによってドナティストの再洗礼を論駁する。聖書に表れる三位一体の名によって与えられる洗礼は完全無欠性と神聖性をもつようになるため、洗礼を受ける人のうちにも洗礼の完全無欠性と神聖性が保たれる。このような洗礼は受洗者や授与者の善や悪によってよりよくなったり、より悪くなったりすることはない。カトリック教会の外においても洗礼の本質は有効である。したがって、カトリック教会から離れていて再び戻ってくる異端者に対して再洗礼を授ける必要がないのである。

　第五、アウグスティヌスは、教会分離が重大な瀆聖の罪であると強調することでドナティストの分離を防ごうとする。アウグスティヌスにとってキリストの教会は、しみもしわもない貞潔な母なる教会として聖霊を所有する聖徒たちから成っている。この教会は聖霊による罪の赦しを認識し、それを宣言する霊

的権限をもつ。カトリック教会から分離したドナティストが洗礼のサクラメントによってカトリック教会に部分的には結ばれているとしても、カトリック教会を否定しそこから離れ去った彼らの行為は、最も重い罪に該当する。なぜなら罪の赦しを与える聖霊の現存するカトリック教会という教会の一致（キリストの体）を破壊することであり、それによって神を陵辱することになるからである。

このように、アウグスティヌスは、ドナティストたちの矛盾について、教会の古い慣習について、キプリアヌスの行動について、洗礼の意味について、そして教会分離について論じながら、ドナティストの主張を駁論するのである。

ところで、『洗礼論』においてドナティストの駁論の過程を見ると、カトリック教会の外側にいるドナティストに対してだけでなく、カトリック教会の中にいる悪しき者たちに対しても非常に凄まじい攻撃的な発言が赤裸々に表れる。現代のキリスト者たちには聖職者である彼の口から出る悪口が多少言い過ぎではないかと思われるところもあるであろうが、具体的な例を挙げてみよう。

まずドナティストに対する攻撃的な表現である。アウグスティヌスは、神の民である聖なる教会の平和と一致と交わりを断ち、異端派をつくり、神とカトリック教会のものであるサクラメントを、自分たちの教団の中にのみ存在すると主張するドナティストたちの異端行為を痛烈に非難する中、次のような表現を使う。たとえば、彼はドナティストのそのような異端行為が、邪悪な狂暴さ（2,7,10）、すべての罪より重い瀆聖の罪（II,7,11）、極悪の罪（III,18,24）、悪魔の高ぶり（II,5,6）、悪魔のわざ（VI,26,50）であるという。そして、その異端行為をする人たちは、狂気のドナティストたち（II,3,4）、羊の皮をまとった強欲なる狼ども（II,7,11）、預言者ホセアの姦淫の女、預言者エゼキエルの娼婦のような者ども（III,19,26 ～ 3,19,27）、いばらや毒麦（6,40,78）、悪魔に与する人（4,12,18）であると非難する。さらに旧約聖書の最初の分離派、コラの仲間たちが神の裁きによって裂けた地の中に生きたまま吸い込まれたように（『民数記』16 章 31 ～ 33 節）、ドナティストたちも滅びるべきだと彼らを呪い、自分の怒りの感情を露にするのである（II,11,16; V,2,2; VI,38,74）。

次は、教会内の悪しき者たちに対しても、アウグスティヌスは、痛烈な非難の矛先を向ける。教会内の悪しき者たちとは、教会の一致の中に肉体的に混じりながらも、邪悪な生活をし、愛と一致の絆によって教会に属していない者たち（I,10,14）、肉欲に満ちて肉的なものを求める動物的人々（I,15,24）、洗礼を

受けたとき神に誓約したことを果たさず言葉により現世を放棄し心からではなく口先だけで回心した不順な精神の人たち（VII,13,25）である。これらの悪しき者たちに対して、彼は教会の内にいる毒麦ども（IV,9,13）、世俗的な者、極悪非道な者、アンチ・クリスト、神を蔑っている者、悪魔のとりこ、悪魔の神官など（VI,8,11）の表現を用いて非難を強める。そして、彼らの数は多く、悪魔に属していると同時に教会の中に置かれているが、決して真の教会に属せず、神の国を継ぐことなく永遠の火の中に入るという（IV,9,13; IV,19,26; VI,1,1; VI,8,11; VI,41,80）。

　カトリック教会から離れたドナティストたちと教会内の悪しき者たちに対するこのような攻撃的な表現は、アウグスティヌスが彼らをキリストの体である真の教会を破壊しようとする敵、打ち負かすべき敵と見なしているような印象を与える。神の愛と救いを教える司教の口からはなはだしい攻撃的な表現が容赦なく飛び交うのを見て、現代のわれわれには敵に対する怒りに燃えている戦場の戦士の姿を容易く想像できる。彼の攻撃的な言葉の背景には一体何があるのであろうか。そして、『洗礼論』はカトリック教会から分離し、その教会を侮辱するドナティスト派を論駁するために書かれた書物なのに、なぜ教会組織内の悪しき者たちまでひっくるめて同じく非難するのであろうか。もしアウグスティヌスが暴動などで社会的な問題を起こしていたドナティスト派の問題だけを考えていたなら、そして目に見えるカトリック教会組織の統一と平和を含め、ローマ帝国の秩序と安定に寄与することだけを目標としていたなら、おそらくカトリック教会内部の悪しき者たちを悪魔のとりこや悪魔の神官といい、彼らを刺激する必要はなかったであろう。彼は当時ローマ帝国の特別な公的人物として教会組織の統一と平和、帝国の秩序と安定にのみ関心をもって責任を果たしてもよかったであろう。むしろ、彼がドナティストのみならず、教会内部の回心しない堕落した者たちまで攻撃し、刺激したことは、常識的に考えると教会の一致と帝国の安定を損ないかねない判断のように見られる。

　ドナティスト派に対してやりすぎたようにも見える攻撃的な表現の背後に、そして教会の中の悪しき者たちまで敵のように攻撃したその背後には、何か特別な理由があったのであろうか。もしあったとしたら、それは一体何であろうか。アウグスティヌスの攻撃的気質は、P. ブラウンが指摘するように、彼の両親の攻撃性や新約聖書のパウロの攻撃性からの影響[120]も否定できないであろうが、『洗礼論』の中に現れる彼の言葉の攻撃性は、教会と洗礼について持

　　　　　　　　　　　　　　　第3章　教会の戦士―『洗礼論』を中心に

っている妥協できない彼の思想とより深く関わるのではなかろうか。アウグス
ティヌスにとって、カトリック教会は、しみもしわもない貞潔な母なる教会で
あり、洗礼者に罪の赦しと救いをもたらす聖霊の臨在が留まっている教会の一
致というキリストの体である。そして、この教会が所有する洗礼のサクラメン
トは、いかなるものによっても害されえない神聖性と完全無欠性をもって教会
の一致を支えている。カトリック教会に対するドナティスト派の非難と教会分
離は、キリストの体である教会を破壊し、この教会が教会である根拠を与える
洗礼を完全に否定する瀆神の行為だった。そして、洗礼を通して教会内にとど
まっていても回心をしない悪しき者たちの邪悪な生活は、悪魔に自分の心をそ
の活躍の場として与え、自分の内なる神の宮を破壊するものだった（VI,8,12）。
当時洗礼と回心を通して聖霊によって成し遂げられる教会の内的一致と平和を
守ることによって、キリストの体を支えようとしていた彼にとっては彼らの瀆
神行為と邪悪な生活は耐え難いものだったのである。このように、ドナティス
トと教会組織内部の回心しない悪しき者たちに対する彼の攻撃的な言葉の背後
には、教会と洗礼への強い思い、すなわちキリストの体の保護という妥協でき
ない思想があると考えられる。

　また、ドナティストたちや教会内の悪しき者たちに対する彼の言葉の攻撃の
背後には、今はカトリック教会の外にいながらも将来救われるかもしれない少
数の人たちに向けられた神の予定と恩寵の思想が潜んでおり、この思想によっ
て彼は敵への激しい攻撃において確信と勇気を得られたと考えられる。この点
についてもう少し考察してみよう。

　アウグスティヌスは、ドナティストを論駁する中で、神の予定によって救わ
れる人たちへの関心を示している。彼はパウロの思想に学んで世界の創造され
る以前から神に予定された人が存在し、この神の予定に起因する神の予知に従
えば（IV,3,4 Secundum autem eius praescientiam, qui novit quos
praedestinaverit）、教会の外にいるように見える多くの人が中におり、中にい
るように見える多くの人が外にいるという（V,27,38; VI,1,1）。ここで彼がいう
神の予定というのは、人間の運命が善くも悪くもなることをただ前もって知る
ことを意味するのか、それとも人間の運命を善くも悪くも決め付ける二重予定
の意味なのかは判断しにくい。ただ彼は、世の創造される前に予定された聖徒
の確定された数（『エフェソの信徒への手紙』1章4〜5節、in quibus est
numerus certus sanctorum praedestinatus ante mundi constitutionem.）、計

画にしたがって召された義人たちのあの数（『ローマの信徒への手紙』8章28節、Numerus ergo ille iustorum, qui secundum propositum vocati sunt）があり、その数の中の人たちは、誘惑に陥った場合も、異端や異教徒の迷信に引きづられた場合も、回復されるという（V,27,38）。このことから、神の予知に従えば神に属する者とそうではない者が存在するという表現は、真の教会の一員として選ばれた人たち、特に教会の外でさ迷い、いつか教会の中に呼ばれるであろう人たちに対する神の予定を強調するために用いられていることは確かである。

アウグスティヌスは、このように今は教会から離れ、異端教団の中にいる人たちの中にも神に予定された人たちが存在することを信じながら、彼らの救いのための神の鞭、神の裁きについて語る。「神はこの生活において鞭を繰り返すことをやめない。それは彼らが何によって苦しんでいるか、なぜ苦しんでいるかを考えながら、最終的には悔い改めるようにということである[121]。」（II,10,15; IV,14,21）この裁きは、神のあわれみと忍耐を示し、彼らに懺悔の機会を与える神の恩寵である。

ドナティストたちだけでなく、貞潔な教会に属していない教会組織内の悪しきものたちへのアウグスティヌスの辛らつな言葉の攻撃の背後には、キリストの体である教会を破壊しようとする人たちへの許せない怒りとともに、カトリック教会の外側にいながらもいつか救われるであろう少数の人たちを選んだ神の予定と彼らを悔い改めに導くための裁きを伴う神の恩寵の思想とが根付いていると考えられる。この神の予定と、裁きを伴う恩寵の思想からアウグスティヌスは確信と勇気をえて、ドナティスト派駁論という名の下で、教会の中と外にいる敵たちに対して言葉の攻撃を加えるようになったのであろう。そして、彼の言葉の攻撃は、400年『洗礼論』執筆から約10年後、教会の外にいる選ばれた者たちを救うために、ローマ帝国の過酷な警察力を後ろ盾にして、ドナティストの破壊のため決戦の場にとりかかる戦士の姿にとって代わるのである[122]。

6. アウグスティヌスの教会の戦士としての姿から学ぶ

アウグスティヌスの教会の戦士としての姿を通して、次の二つの点について学ぶことができよう。一つは真のキリスト教会の不確実性で、もう一つはキリスト教の愛の両面性である。

第3章　教会の戦士──『洗礼論』を中心に

　まず真のキリスト教会の不確実性についてである。
　ドナティスト教会はカトリックから離れ去っているがゆえに、洗礼のサクラ
メントによってキリストの教会と呼ばれるカトリック教会に部分的に結ばれて
いるとしても、真の教会に属していないことになり、洗礼は役に立たず、聖霊
の臨在も罪の赦しも救いも持たない [123] (V,21,29; V,23,33; V,28,39)。アグスティ
ヌスの洗礼論からすると、プロテスタント教会はドナティスト教会と全く同
じ状態にあると言えよう。つまり、われわれプロテスタント教会にも聖霊の臨
在も罪の赦しも救いも存在しないということである。というのは宗教改革によ
ってカトリック教会から離れているからである。ドナティストが未来のキリス
ト教会のすべての分離派の原型であり、カトリック教会はプロテスタント教会
の分離行為をドナティストのそれとしてみなすという見方もある [124]。したが
って、このような観点からすると日本の多くのプロテスタント教会も、韓国の
多くのプロテスタント教会も、ドナティスト教会のように、異端派になってし
まう。そしてドナティストたちに対して教会分裂の罪という瀆聖の罪を犯して
いると怒鳴りながら、国家権力の武力を用いてまで彼らを矯正し、救いの道へ
導こうとする彼の戦士としての姿は、実は筆者を含む多くのプロテスタント教
会の聖徒たちに対しても今もなお同じ恐い姿なのである。これがわれわれプロ
テスタントの信徒たちが最も見たくもなく、教えたくもないアウグスティヌス
の隠された姿なのである。古代と中世にわたって約千年以上も正しい教理とし
て信じられていた彼のこの洗礼論にプロテスタント教会は同意できるであろう
か。プロテスタント教会は自教会の正当性のため、他の異端思想に対して行っ
てきたように、彼の洗礼論をはじめとして彼のすべての著作と思想をゴミのよ
うに捨ててしまうべきであろうか。しかしながら、ほとんどのプロテスタント
教会において、彼の教会の戦士としての姿を知っている者にとっても、まった
く知らない者にとっても、彼は無尽蔵の霊感と知恵と知識を残した古代キリス
ト教会の最大の教父であり、神の恩寵や三位一体などの教義でわれわれの教会
と信仰を支えてきた偉大な聖人であることには変わらない。アウグスティヌス
の洗礼論からすると、プロテスタント教会は呪われるべき異端であるにもかか
わらず、プロテスタント教会はその時代の状況にそうせざるを得なかったアウ
グスティヌスの立場を理解している。またアウグスティヌスの主張がそうであ
るとしても、プロテスタント教会は、古代のアウグスティヌスも現代の自分た
ちも真の教会に結ばれていることを疑わない。どちらがキリスト教なのかとい

うことに神経質にならず、どちらもキリスト教であることを寛大な心で認める
のである。分裂し続けてきたわれわれプロテスタント教会はこのような巨視的
な姿勢で互いにキリストの洗礼のサクラメントを共有するキリストの子として
認め合い、尊重しなければならないことを、逆説的にアウグスティヌスの教会
の戦士の姿から学べるのである。

　朝鮮半島が日本の植民地だった時代、韓国のキリスト教会を代表する長老派
は、1938年帝国側の強制に屈服し神社参拝に合意したことがあり、それを今
も恥じている。ところが、厳しくいえば、神社参拝によって当時の教会は純粋
な教会でなくなってしまったのである。そんな教会が今も韓国の主流教会とし
て、教理的に合わないキリスト者やキリスト教の他教派を異端派として断罪す
る光景をよく目にする。逆に日本のキリスト教ではもはや異端が存在しないよ
うな気がするほど異端論争についてはあまり耳にすることはない。日本のある
キリスト教団で議論になっている聖餐式の問題、つまり聖餐式に洗礼を受けて
いない人も与ることが許されるかどうかの問題は、異端決定に関する議論にま
では発展しないような印象を受ける。日韓両教会とも、キリスト教的でない要
素を突き詰めてどちらかを否定し、断罪するより、どちらもキリスト教的であ
る要素を見つけ出し、尊重し合うことも、長い目で見れば、問題解決につなが
る方法ではないであろうか。

　第二、キリスト教の愛の両面性についてである

　すでに、アウグスティヌスの真理探究者としての姿と観想者としての姿につ
いて考察したが、この二つの姿から明らかになったことは、カシキアクムで書
かれた初期作品で見られるように彼が自分の人生をすべて投げ捨ててまで愛し
たのは神の知恵であるということである。彼が愛したこの知恵は、観想で見ら
れた光として遠く離れたところの存在であった。ところが、キリスト教への自
分の回心について紹介する『告白録』ではっきり示されるように、遠くの光は
自分の手にもっている聖書の受肉した神の知恵、すなわちイエスキリストとい
う具体的な人物として理解される。さらに愛するその光は、彼がドナティスト
を駁論する『洗礼論』ではキリストの体であり聖霊の現存する聖徒の群れ、す
なわちしみもしわもない貞潔な母なる教会としてより具体化される。要するに
神の知恵に対するアウグスティヌスの愛は、光という遠い存在に対する愛とし
て、イエスキリストという具体的な人物に対する愛として、そして教会という
より身近な存在に対する愛として現れるのである。

第 3 章　教会の戦士——『洗礼論』を中心に

　ところが、人間に救いをもたらす神の知恵に対するこの純粋で崇高な愛の対象が、光からキリストへ、キリストから教会へとより具体化していくにつれて、神の知恵であるキリストの体はドナティストのような異端派の攻撃から全力で守らなければならない存在になる。そして、異端派の攻撃が度を越してキリストの体なる教会を破壊するところまで至ると、知恵への愛は敵に対する攻撃へと形を変えていくのである。つまり、神の知恵に対する探究の愛は、司教になってからはキリストの体である教会を破壊しようとする敵への憤りの形を取り、またその敵たちを真理へと矯正するための攻撃の形を取るのである。このように、知恵への愛と敵への攻撃というこの対照的要素が、ドナティスト論争に取りかかっていた頃のアウグスティヌスの愛の両面性をなしているのである。『洗礼論』から約 10 年後書かれた『ドナティストの矯正（手紙 185）』において、アウグスティヌスは、ドナティストを矯正するために、国家権力を用いて激怒の心で迫害を行うことは、彼らを永遠の破滅から救い出すことであり、そういう意味でこの迫害の行為は聖なる愛であると主張する [125]。この愛は、次のアウグスティヌスの言葉が意味するように、われわれの日々の行いを導き、時には厳格な態度を取らせることもあるのである [126]。「愛しなさい、そしてあなたが欲することを行いなさい [127]」（Dilige, et quod vis fac）

　神の知恵である光を探究する愛とキリストの教会を破壊する敵を攻撃し矯正しようとする愛は、長いキリスト教の歴史においても繰り返されてきたものではないだろうか。そして、その愛の両面性は、まるでアウグスティヌスから受け継がれてきた遺伝子のように、イエスキリストのみが神の知恵であると堅く信じる多くのキリスト者の内面にも根づいているのではなかろうか。

　筆者は韓国のキリスト教を代表するある教団で牧師按手を受けた者として、日韓の両教会の礼拝や出会いを通して韓国と日本で多くの牧師を知るようになった。その両教会の牧師たちは基本的に気さくで優しい印象の方がほとんどである。ところが、牧師の批判精神または攻撃性というのは表にはなかなか現れないものであるが、牧師世界ではそれを認識する人も多いであろう。韓国の保守主義キリスト教の世界において偶像崇拝を行う多宗教と間違った教理をもつ異端派に対する批判はかなり厳しい。日本のキリスト者は想像できないであろう。そこにはアウグスティヌスがドナティストに対してもっていた愛さえ感じられない。他方、日本の自由主義神学の風土のキリスト教会では聖書とイエスに対する批判的解釈の精神は、保守主義的信仰の環境で育った筆者には新鮮で

93

もあり衝撃的でもある。しかし、そのような斬新な聖書解釈にはアウグスティヌスが神の知恵であるイエスキリストに対してもっていた熱い愛は感じられない。皮肉なことなのだが、まだわれわれ日韓のプロテスタント教会の多くの牧師は、アウグスティヌスの愛に及ばないだけでなく、その愛のなさを恥じることも知らないのではなかろうか。

「あなたがたの敵たちを愛しなさい」イエスのこの言葉の意味には、迫害を受ける者が迫害を加える者を赦す愛だけでなく、「目には目を、歯には歯を」という正当な処罰も、ひいてはアウグスティヌスがドナティストを矯正し真理へ導くための攻撃的措置も愛の形として含まれるのであろうか。この問いに対して、アウグスティヌスは教会の戦士として、愛にはそのような両面性があると答えるのである。非暴力による愛の実践しか語らなくなった今の時代、彼の教会の戦士の姿に学んで、まずキリスト者として敵に対する愛のなさと神に対する愛のなさを恥じることから始めようではないか。

7. おわりに

以上のように、ドナティスト論争の歴史的背景、ドナティスト派の主張、ドナティスト派の主張に対するアウグスティヌスのいくつかの論駁の内容、ドナティスト論駁におけるアウグスティヌスの攻撃性とその思想的背景、そして教会の戦士としての彼の姿から学べる教訓について考察してみた。本章は、特に『洗礼論』を通して、キリストの体である教会を守る目的で、神の予定と恩寵に確信と勇気を得て、当時の教会の中と外の敵たちに立ち向かう教会の戦士としての彼の姿を描こうとした。この姿は、キリスト教へ回心してからカトリック教会の聖職者になるまで内面において純粋に真理を探究し、深い観想の世界にふけていた彼の姿とはかけ離れているように見える。もちろんアウグスティヌスは生涯をかけて真理探究と観想に励みつづけるが、他方では彼は教会組織の中に入ってから、洗礼を通して現世を捨てて真の回心を成し遂げた聖徒の群れ、すなわちしみもしわもない貞潔なキリストの体（教会）を守るために、教会の戦士として敵と戦い続けるのも事実である。われわれキリスト者は、彼の戦う姿から、分離と戦いを繰り返してきたわれわれの自画像、すなわち神への愛も敵への愛もないことに恥じなくなったわれわれの姿をぼんやりと覗くことができるのではなかろうか。

第4章 アウグスティヌスの読まれ方─日韓のはざまで

1. はじめに

　今までアウグスティヌスの三つの姿、すなわち第1章では真理探究者、第2章では観想者、第3章では教会の戦士としての姿を描いてみた。本章で取り扱うが、日本におけるアウグスティヌス研究は真理探究者や観想者としての姿に、そして韓国におけるアウグスティヌス研究は教会の戦士としての姿に重きを置く傾向があると筆者には思われる。つまり、真理を探究する哲学者としてのアウグスティヌスについては日本の方が、神の恩寵に頼りつつ教会を守り抜くキリストの戦士としてのアウグスティヌスについては韓国の方が関心度が高いように見えるということである。恐らく、アウグスティヌス研究におけるこのような関心の違いというのは、研究者たちの教会との関わりや教会に対する関心などによるのではなかろうか。韓国では研究者が日本に比べて多くの信徒を抱えている教会の信仰や教理に相反する研究をするということは勇気が必要ではないかと考える。日本では研究者たちが教会に縛られることなく学問として自由にアウグスティヌスについて探究できる雰囲気が窺える。

　「こうしてあなた方は天におられる父の子になるためです。この方は、悪い者の上にも良い者の上にも太陽をのぼらせ、正しい者の上にも正しくない者の上にも雨を降らせてくださるからです。」(『マタイによる福音書』5章45節（私訳）、ut sitis filii Patris vestri, qui in caelis est, quia solem suum oriri facit super malos et bonos et pluit super iustos et iniustos.) このイエスの言葉から神の二つの側面、すなわち、キリスト教会においてイエスキリストを通して啓示された恩寵の神と自然界において知られる公平な神という神の二つの側面が見えてくる。教会との関係においては前者の方が、教会の枠を超えては後者の方が強調される。アウグスティヌスは彼の人生の中で、教会と関わる恩寵の神についても、キリスト教会を超えて知られる公平な神についても探究してい

たが、韓国のアウグスティヌス研究は前者に、日本のアウグスティヌス研究は後者に重きを置いてきたのである。

　本章においては、日本と韓国におけるアウグスティヌス研究の流れを簡単に紹介し、その流れから見えてくるそれぞれの研究の特徴を糸口にして、今日における日韓のキリスト教会の問題に迫る。最後は本書のまとめとしてアウグスティヌスの三つの姿に即して両教会のこれからの課題について論じることにする。

2. 韓国におけるアウグスティヌス研究

　まず学術論文について調べてみることにする。韓国最大の学術論文検索サイトの「国会図書館」[128] で検索したところ、単行本や博士・修士論文を除いて約130件の論文が出た。学術論文ではないが、一番古い記録は東京帝国大学哲学科を卒業し、後に朝鮮総督府によって平壌神学校第三代校長に任命される蔡弼近（チェピルグン）の「聖者오거스틴」（聖者オガスティン）である。これは1932年12月長老会宗教教育部機関紙として発行された雑誌形式の新聞「宗教時報」に載った記事（第4巻第3号、1935）である。その後発表されたアウグスティヌス関連論文は、林淳萬の「어거스틴研究」（アウグスティヌス研究、神學論壇、1954年）である。

　1935年から2015年まで韓国人研究者によるアウグスティヌスに関する研究は様々な主題に及んでいる。特に今日の教会や宣教などにおけるアウグスティヌスの意味を探る試みが数件あるのが日本と違う特徴だといえる。たとえば、アウグスティヌスの現代的意味、『神の国』に対する宣教学的反省、教会成長、宣教神学との関連、文化観と宣教的反省などを主題としている。そして新プラトン主義、ストア学派、カルヴァン、デカルト、シュライエルマッハー、ニーチェ、ハイデッガー、バルトなどと関連付けてアウグスティヌスの思想を考察する研究もある。

　韓国人の研究者によって主に取り上げられているアウグスティヌス著作には、『告白録』、『神の国』、『自由意志論』、『キリスト教の教え』などがある。これは日本におけるアウグスティヌス研究と比べると、非常に限られている。1988から2015年の間に「国会図書館」に登録されているアウグスティヌス関連の修士・博士学位論文212件を見ても、『シンプリキアヌスへ』に関する研

第4章　アウグスティヌスの読まれ方―日韓のはざまで

究論文一件を除くと、研究の対象としての著作は変わらないことが分かる。

　次は、韓国語で翻訳されたアウグスティヌス著作についてであるが、一番古いものは1957年大韓基督教書会から出版された金正俊氏訳の『アウグスティヌスの懺悔録』である。学術論文で主に取り上げられるアウグスティヌス著作の数に比べると、韓国語訳の著作は初期のものも含めて比較的に多い。しかし、日本語訳の『アウグスティヌス著作集』（教文館、全三〇巻、別巻）のように、長年間の企画で一つの出版社からアウグスティヌス研究者たちによってラテン語から翻訳されている著作集はない。そして、多くが英語からの重訳で、ラテン語訳は少ない。성염역（ソンヨムヤク）氏訳の『神の国』（分道出版社、2004）と『キリスト教の教え、1989』（分道出版社）、김광채（キムクァンチェ）氏訳の『告白録』（（CLC、2004）と『信仰・希望、愛（エンキリディオン）』（エセイパブリシング、2014）などはラテン語から翻訳されたものである。

　ところが、注目に値するのは、韓国語訳の『告白録』と『神の国』が多くの出版社から出ているという点である。2005年8月現在で、『告白録』の韓国語訳は約50種、『神の国』13種が出ている（同じ訳が異なる出版社から出ている場合を含む）。上記で言及したように韓国のアウグスティヌス研究において『告白録』と『神の国』は特に扱われる著作であるが、この二作の韓国語訳がたくさん出ているということは、研究の領域だけではなく、信仰の領域においても関心が高いことを示しているということであろう。特に『告白録』の韓国語訳の数が非常に多いのは、クリスチャンの人口の多い韓国ではアウグスティヌスの回心のような劇的な出来事が韓国の信徒たちに信仰的に大きな感動を与えてきたと考えられる。

　アウグスティヌスは教会とキリスト教の信仰を守るために異端と戦った教父としてよく知られているが、この点を生かしている研究論文も多数目立つ。韓国のキリスト教会の中で大型教派が六つあるが、その中で五つがカルヴァンの思想を重んじる長老会である。カルヴァン、教会、信仰（神の恩寵）といった宗教的背景はアウグスティヌス関連の研究論文にも反映されている。たとえば、全体研究論文の中で、アウグスティヌスとカルヴァンの関連論文は4件、アウグスティヌスと恩寵論関連論文は10件、アウグスティヌスと教会（論）関連論文は9件も存在する。特に1988年から2015年までのアウグスティヌスに関する学位論文207件を参考にすると、カルヴァン関連論文は17件、教会（論）関連論文は21件、恩寵論（恩恵論）関連論文は23件もある。研究論文の数に

おいては韓国より約6倍も多い日本の場合は、カルヴァン関連研究は1件、教会（論）関連論文は4件、恩寵論関連論文は12件である。アウグスティヌスを宣教と関連付ける論文は韓国は3件あるのに対して日本にはそういう論文が見当たらない。断定はできないが、研究論文や翻訳などを総合的に考えると、アウグスティヌス研究において、韓国の方が日本より、カルヴァン、信仰（恩寵）、教会に対する関心が高いといえる。

　アウグスティヌス研究から韓国のキリスト教会の特徴を推測するのは断片的な分析に過ぎないが、カルヴァン思想や教会中心的信仰や神の絶対的な恩寵と主権を重視する韓国のキリスト教会の特徴が、アウグスティヌス関連研究論文にも少しは反映されていると言っても差し支えないであろう。日本による植民地支配や朝鮮戦争や戦後50〜60年代の貧しい時代を経る中でも、教会は信徒と国が神によってこの世から選ばれ、導かれる特別な存在であることを強調してきた。そして、信徒も神の絶対的恩寵と主権を信じ、信徒自身も国も特別に選ばれた存在だという選民意識をもって積極的に生きてきたのである。それが教会成長と国家発展につながる原動力の一つになったに違いない。

3．今日韓国のキリスト教会の一面

　韓国のアウグスティヌス研究から見えてくる、教会中心的信仰や神の絶対的な恩寵を重んじる韓国のキリスト教会の一面についてもう少し考えてみることにする。韓国のキリスト教会は70〜90年代急速な成長を成し遂げる。ところが、2000年に入って停滞し、全体的に信徒の数が減っている傾向にある。少子化の問題や、資本主義と権力主義に影響された韓国キリスト教に対する不信感の問題などがその原因として指摘されている。2014年ニュースエンジョイ（뉴스앤조이）というキリスト教新聞を通して発表された2004〜2013年までの統計資料[129]を参考にし、韓国のプロテスタント教派の中で六つの大型教派の教勢を紹介する。「大韓イエスキリスト長老会」（合同派）、「同名」（統合派）、「同名」（高神派）、「同名」（合神派）、「韓国基督教長老会」（基長派）、「基督教大韓監理会」（監理会（メソジスト））であるが、以下合同派、統合派、高神派、合神派、基長派、監理会（メソジスト）と表記する。

　まず信徒数の変化を比べてみよう。合同派2,508,451〜2,857,065名、統合派2,489,717〜2,808,912名、高神派1,491,754〜1,486,215名、合神派436,443〜

472,717 名、基長派 336,095 〜 289,854 名、監理会（メソジスト）128,711 〜 152,316 名である。この期間、監理会と基長派を除けば信徒数は増えている。しかし統計資料を参考にすると 2006 年から 2012 年を頂点として各教派とも信徒の数は減少している。

　次は牧師数の変化である。合同派 12,476 〜 22,216 名、統合派 11.560 〜 17,468 名、高神派 2,475 〜 3,308 名、合神派 1,082 〜 1,982 名、基長派 2,392 〜 2,879 名、監理会（メソジスト）8,501 〜 10,725 名である。この期間牧師の数は少ない教団は約 500 人、多い教団は約 1 万人近く増えていることが分かる。六つの教団の牧師数を総合してみると、この 10 年間毎年約 2 千名ずつ増えているということになる。

　最後に教会数の変化を見てみよう。合同派 7,412 〜 11,593 カ所、統合派 7,158 〜 8,592 カ所、高神派 1,622 〜 1,852 カ所、合神派 772 〜 896 カ所、基長派 1,558 〜 1,656 カ所、監理会（メソジスト）5,575 〜 6,518 カ所である。教会の数も全体的に増えていることが分かる。

　このように、2006 年から 2012 年を頂点に信徒の数が減っている中、牧師と教会の数は増加しているという少し異常現象が現在韓国のキリスト教会で起こっているのである。基本的に牧師と教会の数が増えるようになった理由は、1970 〜 80 年代の韓国キリスト教会の量的成長と各教団の教勢拡張競争に合わせて多くの神学校が入学定員数を多めに定めたことがまだ変わっていないことと、各教派の神学校が入学定員を調整しないことによって需要を超えるほど牧師が大量に排出されるようになったことである[130]。こういう牧師の需要と供給のアンバランスは、現在韓国キリスト教会において深刻な問題をもたらしている、至急解決されなければならない最も大きな課題である。神学校側は以前からこの問題を予測していたにもかかわらず、財政や経営の問題のため、積極的に取り組むことができない状況である。将来的には副牧師として引退するケースも、途中で転職するケースも多くなるのではないかという懸念もある。

　こういう流れの中で韓国では無任所教師（牧師）の数が増加している。統合派の場合、2004 年 784 名（全体の 6.7％）だった無任所教師（牧師）が 2013 年には 1,263 名（7.2％）に増えた。基長派も 2004 年 200 名（全体の 9.1％）から 2013 年 332 名（全体の 11.5％）に増加した。無任牧師の問題のため、任地を斡旋する団体まで登場している。2015 年 4 月頃立ち上がったある無任所教師（牧師）支援団体によれば、正式に任地を依頼してきた牧師の数は約 200 名

にも及び、約 2,400 名の会員が登録しているという。無任所教師（牧師）の現状を把握していない教派も存在しているそうだ[131]。

　このような状況の中で、経済的に自立している教会、特に信徒数が千人以上の大型教会の牧師たちが自分の子に教会を世襲する問題で、任地を探している無任所教師（牧師）や牧師を目指す神学生は失望することもある。実は、数年前から、この教会世襲問題が、牧師の需要と供給のアンバランスの問題とともに、韓国のキリスト教会において、大きな話題になっている。

　2012 年、「教会世襲反対運動連帯」という超教派的団体が、教会世襲の問題を公で議論し始め、各教団における教会世襲防止法案の成立のために、講演会や、学術フォーラムなど様々な活動を行なっている。この団体による教会世襲に対する一つの意識調査を紹介しよう。教会の担任牧師職の世襲に関して、牧会関係者（牧師、副牧師、神学校教授、神学大学大学院生）の 84.7％、一般人（信徒と他宗教の人を含む）の 61.6％が反対している。農村・漁村などの未自立教会や小規模教会における世襲も、牧会関係者の 27.9％、一般人の 43.3％が反対である[132]。

　この団体の調査によると、現在（2015 年 5 月）、121 カ所の教会において親が自分の子（親族）に担任牧師職を世襲していることが明らかになった。その中で 84 件が直系世襲で、37 件が変則世襲[133]である。121 件のうち 11 件（直系）が 1999 年以前で、そのほかは 2000 年以降のものである。教会規模（信徒の数）別に分けると、500 名未満が 43 件（直系 30、変則 13）、500 ～ 1,000 名が 33 件（直系 25、変則 8）、1,000 ～ 5,000 名が 33 件（直系 21、変則 12）、5,000 名以上が 11 件（直系 8、変則 3）、その他が 1 件（信徒数不明）である。そして変則世襲 37 件を分析すると、娘婿世襲が 14 件、支教会世襲が 11 件、飛び石世襲が 4 件、多者間世襲が 3 件、複合 M ＆ A 世襲が 2 件、交差世襲 2 件、親族世襲 1 件である。教派別に分けると、監理会は 48 件（直系 31、変則 17）、合同派は 27 件（直系 22、変則 5）、統合派は 14 件（直系 5、変則 9）、合神派は 5 件（直系 5）、高神派は 4 件（直系 4）、基長派は 1 件（直系 1）である[134]。「教会世襲反対運動連帯」の活動による影響もあり、いくつかの教団は問題の深刻さに気づき、一定の措置を取ろうとしている。

　なぜ教会世襲が行なわれるのであろうか。自分の子に教会を譲った牧師たちの言い訳というのは、教会共同会議の決議と信徒の投票を通してなされたことであるため、世襲としてみなすべきでないということである。監理会所属のあ

第 4 章　アウグスティヌスの読まれ方—日韓のはざまで

る牧師は、世襲を強行しながら、2012 年自教派の世襲防止法を悪法だといい、
旧約聖書の祭司が代々に自分の子孫に祭司職を受け継がせたように、自分も自
分の子に牧師職を譲っても問題ないと主張した[135]。この牧師の発言から神に
特別に選ばれたという選民意識や祭司意識を読み取ることができるが、このよ
うに行き過ぎた選民意識が、教会世襲という教会内部の問題としてだけでなく、
異なる思想や他宗教に対する排他的な態度として現われることもあるのであ
る。これが今の韓国キリスト教会の一面であると考えられる。

4. 日本におけるアウグスティヌス研究

　日本でアウグスティヌスが知られるようになったのはキリシタンの時代であ
る[136]。そして、日本でアウグスティヌスに関する最初の本は 1891 年書かれた
田中達氏の『亜古士丁』[137] だといわれている。日本におけるアウグスティヌ
ス研究に関しては小野忠信氏[138] と宮谷宣史氏[139] の文献研究があるが、両氏は
1940 年代までのアウグスティヌスの研究について紹介している。
　小野忠信氏は、アウグスティヌス研究を二期に分ける。第一期は 1928 ～ 29
年までで、予備的紹介の期間と呼ばれる。この時期に宮崎八百吉氏訳の『告白』
（1907 年）が登場する。1920 年川又吉五郎氏の『アウグスチンの罪悪観』が日
本における最初のアウグスティヌス関連論文と思われる。1925 年以降学問的
研究が行なわれるようになる[140]。
　第二期は 1940 年～ 41 年までで、本格的紹介への準備の段階である。昭和
12 年の松村克巳氏の『アウグスティヌス』、三谷隆正氏の『アウグスティヌス』、
そして昭和 15 年の佐野勝也編訳の『アウグスティヌス篇』（第一書房の世界大
思想家選集）は待望の概論的入門書として現れる[141]。そして、この第二期の
後半には、森本氏の『創造に関するアウグスティヌスの思想』（昭 12）、魚木
忠一氏の『ルーテルに与えたアウグスティヌスの影響』（昭 14）、山口等澎氏
の『アウグスティヌスの時間研究』（昭 7、「哲学雑誌」）などの純粋な研究論
文も登場する。さらに内村達三浪氏訳の『懺悔録』（昭 7、岩波文庫）、服部英
次郎氏の『告白』（昭 15、岩波文庫）などの完訳が出版される[142]。
　一方、宮谷宣史氏は、1930 年（昭和 5 年）以降の日本のアウグスティヌス
研究において、アウグスティヌス受容（理解）の三種類のタイプを通して重要
な節目を指摘する。宮谷宣史氏によると、一番目のタイプは日本最初の独創的

101

哲学者として「アウグスティヌスの自覚」(1928) という論文を書いた西田幾多郎である[143]。二番目のタイプは 1939 年から 47 年まで続けられた土曜学校講座でアウグスティヌスについて四年間講義した矢内原忠雄である[144]。三番目のアウグスティヌス理解のタイプは、日本におけるキリスト教史学の開拓者で『キリスト教の源流―ヨーロッパ・キリスト教史』(二巻、1972) の著者である石原謙に見ることができるという[145]。

　その後、泉治典、岡野昌雄、片柳栄一、加藤武、加藤信朗、金子晴勇、茂泉昭男、清水正照、山田晶、宮谷宣史などのアウグスティヌス研究者たちによって優れた研究が次々と発表される。特に 1979 年以降から日本の研究者たちによって翻訳され、教文館から出版されている『アウグスティヌス著作集』(三〇巻、別巻) は日本のアウグスティヌス研究において偉業であるに違いない。

　「CiNii Articles」[146] で検索すると、日本人によるアウグスティヌス関連論文は、1934 年から 2015 年まで約 780 件がある (修士・博士論文は含まない)。神論、キリスト論、人間論など、様々なテーマがこれらの論文で扱われている。そして、アウグスティヌスと関連付けられる思想家たちを紹介すると、たとえばアリストテレス、アンセルムス、アンブロシウス、キケロ、サルトル、スコトゥス、スコラ学、ティリッヒ、デカルト、トマスアクィナス、パスカル、バルト、プラトン、プロティノス (新プラトン主義)、ルターなどである。そして日本の研究者たちが研究の対象とするアウグスティヌス著書 (ひらがな順) は約 30 作に及んでいる。たとえば、『アカデミア派論駁』、『エンキリディオン』、『教えの手ほどき』、『音楽論』、『神の国』、『ガラテヤの信徒への手紙注解』、『教師論』、『キリスト教の教え』、『キリスト者の戦い』、『告白録』、『三位一体』、『詩篇注解』、『自由意志論』、『書簡』、『信仰と信条』『信の効用』、『真の宗教』、『説教』、『洗礼論』、『創世記逐語注解』、『ソリロクィア』、『魂の偉大』、『秩序』、『マクシミヌス批判』、『マニ教徒の習俗について』、『マニ教徒を反駁する創世記注解』、『問答法について』、『ヨハネ福音書の講解説教』、『霊と文字』などである。

　以上のように、日本におけるアウグスティヌス研究について大雑把に紹介したが、論文の数として、日本の研究 (約 780 件) は、韓国の研究 (約 130 件) より多い。1988 年から 2015 年まで韓国のアウグスティヌス関連の修士・博士学位論文 212 件を含めても、日本の方が 2 倍以上である。そして、主な研究の対象として使われるアウグスティヌス著作も、四つ、五つの作品しかない韓国の研究に比べても圧倒的に多い。韓国のアウグスティヌス研究の方が偏ってい

第4章　アウグスティヌスの読まれ方—日韓のはざまで

るのは明らかである。アウグスティヌス著作の翻訳においても、韓国は約50種の韓国語訳『告白録』があるとしても、日本の『アウグスティヌス著作集』のようなものをもっていない。こうしたいくつかの点から、アウグスティヌス研究は日本のほうが幅広く進んでいるといえる。

　ところが、約780件の論文の中で、アウグスティヌスと教会（教会論）関連研究はわずか4件に過ぎない。韓国の場合は約130件の中で9件であった。全体論文の中で教会関連研究の割合は、日本も韓国も多くはないが、日本の方が低いことは事実である。これは研究において韓国の方が日本より教会に対する関心が少し高いことを示しているであろう。

　韓国の多くの教会はカルヴァンと深く関わっており、韓国のアウグスティヌス研究においてはアウグスティヌスとカルヴァン関連研究が4件あることをすでに述べたが、日本のアウグスティヌス研究においてアウグスティヌスとカルヴァン関連研究は1件しか存在しない。それも論文ではなく講演でアウグスティヌスとの思想的な関連性が薄いものとして見える。このように、アウグスティヌスと教会や、アウグスティヌスとカルヴァンに関しては韓国より関心が低いが、これも日韓のアウグスティヌス研究の違いを表していると考えられる。

5.　今日日本のキリスト教会の一面

　教会やカルヴァンに対して関心の低い日本のアウグスティヌス研究の一面について考察してみたが、この一面から日本のキリスト教の特徴を引き出すのは無理があるであろう。しかし、一つ言えるのは、外国人牧師の筆者の目に映る日本のキリスト教会の姿が、韓国のキリスト教会とは違って、国家と教会との関係性や神の予定説を強調するカルヴァンの思想を重視しているようには見えないということである。この点を念頭に置きながら、今の日本のキリスト教会の状況を、統計を通して調べることにする。

　まず今の日本のキリスト教会の教勢についてである。日本のクリスチャンの数は全体人口に対して1%にも及ばない（2013年度の場合0.82%）といわれている。実は戦後から現在2015年まで約70年間プロテスタント教会は約20万名から約55〜60万名まで、カトリックは約10万から約40万名まで成長してきた[147]。ところが、一部の教派を除くと、近年キリスト教の信徒数は全体的に減る傾向にあるのである。

103

ここで 2004 年度から 2014 年度までキリスト教会の教勢の推移を見てみよう[148]。2005 年度（2004 年 6 月〜 2005 年 7 月）の場合、全体プロテスタント教会の数は 8,331 カ所、教師数は 9,982 名、信徒数は 612,622 名で、日本全体のキリスト教会合計としては教会数は 9,427 カ所、教師数は 11,623 名、信徒数は 1,117,195 名であった。ところが、10 年が経った 2014 年度（2014 年 10 月末まで）の場合は、全体プロテスタントの教会数は 7,749 カ所、教師数は 9,966 名、信徒数は 566,980 名で、日本全体キリスト教の教会数は 8,810 カ所、教師数は 11,374 名、信徒数は 1,014,444 名であった。10 年前と比べると、プロテスタントの場合、教会数は約 600 カ所、信徒数は約 56,000 名が減っている。日本全体のキリスト教会の場合、特に信徒数は約 10 万名も減少しているのである。

　そして、この 10 年間信徒数と聖日礼拝出席の変化について日本のキリスト教会の主な教派別に紹介すると、カトリックは約 4 万名、日本基督教団は約 2 万名、日本聖公会は約 5 千名が減っている。それに対して、日本福音ルーテルは数十名、日本バプテスト連盟は約千名も増えている。日本バプテスト連盟は 10 年間信徒数が増えたとしても、聖日礼拝出席はむしろ少し減っていることが分かる。

　そのほか、教会数が 100 以上の教派の教勢を見ると、たとえばインマヌエル、聖イエス会、イエス・キリスト、JECA（福音キリスト教会連合）、ホーリネスにおいては数十人から数千名が減少している。一方 SDA（アドベンチスト）、単立、改革派、同盟基督の場合はそれぞれ数千名ずつ増えている。

　以上のように、日本のキリスト教会は戦後から現在まで全体的に成長を成し遂げ、近年全体的に信徒数が減っている傾向にある。現在は徐々に減少しているが、これはいくつかの要因によって急激に早まる可能性が高い。その原因というのは、たとえば、無牧教会や兼任教会が特にプロテスタントにおいて全体の 10％以上もあること（日本聖公会や日本福音ルーテルの場合は 40％に近い）、そして平均として礼拝出席者が 50 人以下の教会が 83％、40 人以下が 76％、30 人以下が 66％もあること[149]、また信徒全体の 50％以上が 60 歳以上であること（日本基督教団、2004 年）などが挙げられる[150]。その他にも少子化の問題や、教会学校の出席者の顕著な減少なども信徒数に悪影響を及ぼす要因になると予想される。これらの原因を総合的に考えると、これから 20 〜 30 年後の日本のキリスト教会の人口は少なくとも 20 〜 30％は減るであろう。現在財政的に自立が難しい教会はともかく、やっと自立している教会にとって 20％の

第4章　アウグスティヌスの読まれ方―日韓のはざまで

信徒の減少は、大きな打撃になると考えられる。20〜30年が経たなくても、無牧、兼任教会が急激に増え、それとともに教師の数も大幅に減っていくであろう。当然、日本のキリスト教会は刻々と迫ってくる厳しい未来を見据え、様々な対策を講じるべきである。

　このような未来を迎えつつある今の日本のキリスト教の片隅で、筆者は韓国のキリスト教会ではなかなか経験できない新しい空気に触れている。それは保守的教派においても、少しリベラルな教派においても、違う信仰や思想や文化に対して寛容的で、対立を避けようとする雰囲気である。そして、宗教多元主義的思想をもっている牧師も、仏壇をもち神社参りをしているキリスト教の信徒も、一つの教会、一つの教団の中で特に問題なく交わっているという印象が強い。

　このような日本のキリスト教会ならではの空気は、おそらくキリスト教会が少数派であるという自覚が、教派どうしの対立と衝突を抑えているものなのかもしれない。または日本基督教団のように多くの教派が合同教会としての輪を大事にしようとする意識が、このような独特な空気を醸し出しているとも考えられる。これは、違う宗教や思想に対して排他的な韓国のキリスト教会が見習うべきところである。

　このような姿のより発展した例を挙げると、キリスト教の外の人たちの霊性や彼らの心のケアにも関心をもつ「スピリチュアルケア」という研究分野が、日本のキリスト教の中でも受け入れられ、広がっているということである。筆者自身も修士課程からこの分野について関心をもっているが、キリスト教会の人口が減っているこの時代、スピリチュアルケアは伝道と宣教のための新しい視座を提供すると個人的に確信している。

　ところが、他者に対する配慮のためなのか、いつの間にかクリスチャンとしての自覚やアイデンティティが薄れてきたところもあるのではないだろうか。つまり伝統的なキリスト教会で強調されてきたように、神に選ばれてイエスキリストを救い主と信じ、それをプライドと生きがいとし、キリスト教の外の世界に向かってキリスト教の真理を積極的に伝えようとする意識が弱まっているのではないかということである。客体への配慮によって主体の正体が不明になっていくことは、日本のキリスト教会が土着化して新しいキリスト教会になっていく過程にあると解釈してもかろうが、教会と国家との関係を重んじ、神の予定を強調したアウグスティヌスやカルヴァンなどによって影響された伝統

105

的なキリスト教会から離れていっている一つのしるしでもあることは否定できない。もしかすると、キリストの人口が1%未満の日本の社会において、日本のキリスト教会は戦時下帝国の軍事政権に協力し、間違った方向を選んでしまったと自覚している限り、神に選ばれた教会としての意識や国との積極的な関わりはいつまでも負担になるかもしれない。そして、その負担感は、特に国家と教会の密接な関係と神の予定を重んじるアウグスティヌスやカルヴァンの思想に対する抵抗感に取って変わって現われることも否定できないであろう。今の客体への配慮を大切にする日本キリスト教会の姿は、それを間接的に物語っているのではなかろうか。

6. アウグスティヌスの学びから見えてくる日韓の両教会の課題

韓国におけるアウグスティヌス研究から韓国のキリスト教会の現状の一面をのぞき見、同じように日本におけるアウグスティヌス研究から日本のキリスト教会の今の姿について考察してみた。ここでは今まで述べてきたところを簡単にまとめた後、アウグスティヌスの三つの姿に照らして、日韓両教会がそれぞれ抱えている諸問題を乗り越え、新しい未来を切り開くために必要な課題について論じることにする。

韓国におけるアウグスティヌス研究は、日本に比べてカルヴァン思想の影響によって教会中心的信仰や神の絶対的な恩寵を重んじる韓国のキリスト教会の特徴を少し反映していると言っても過言ではない。このような特徴をもっている韓国のキリスト教会は、日本による植民地時代や朝鮮戦争など去る数十年間の逆境と苦難の歴史の中においても信徒だけでなく国も神に選ばれ、導かれている特別な存在であるという選民意識を堅く保つように働きかけてきた[151]。それは教会の成長と国の繁栄を連携・連動させる結果をもたらした。しかし、その一方、急激な教会成長の負の現象として、牧師の供給と需要の不均衡の問題（牧師の就職難）と教会世襲問題などから見える一部の牧師の歪んだ選民意識や、他宗教や異なる思想に対するキリスト教会の行き過ぎた選民意識（排他的な態度）もある。これが今の韓国キリスト教会の姿なのである。

日本におけるアウグスティヌス研究は、韓国のそれと比較すると全体的に論文の数においても研究領域においても幅が広く、歴史も長い。そして、アウグスティヌスと教会、アウグスティヌスとカルヴァンに関する研究においては韓

第4章　アウグスティヌスの読まれ方─日韓のはざまで

国のアウグスティヌス研究より日本の方が関心が低いことが分かる。論理の飛躍なのかもしれないが、この関心の低さは、他者との対立と衝突を避け配慮し合う成熟した姿でありながらも、国家との積極的な関わりに躊躇し神に選ばれた者としてのアイデンティティをもってキリスト教の信仰を広めようとするところにおいては消極的な今の日本のキリスト教会の特徴を物語っていると考えられる。

　日韓両教会はそれぞれ異なる歴史と文化の中でキリストの教会としての使命を果たして今日に至った。上記のようにぞれぞれいい一面とそうでない一面をもっている両教会は今後さらなる発展を遂げるためにいろいろな改革を行ってきたはずである。その改革に少しでも役に立ちたいという意味で、本書はアウグスティヌスの三つの姿に照らしていくつかの提案を述べる。

　第一、われわれは、真理である神を愛をもって探し求め、この世のあらゆる欲と不安を節制をもって克服しようと努力していくアウグスティヌスの真理探究者としての姿から、哲学という合理的な手段を用いて真理を理解しようとする理性的側面も、キリストや聖書の権威を大事にする信仰的側面も重んじ、生かしていかなければならないことを学ぶことができる。アウグスティヌス思想を支える理性と信仰という二本柱は、真理探究者としてアウグスティヌスがそうしたように、日韓両教会をして真理探究への燃え上がる愛をもち、この世のあらゆる欲と不安などの内面的束縛を断ち切って、自分自身に立ち返るようにするであろう。こうしてキリストの教会は永遠に輝く不変の光を観る備えをするようになるであろう。

　第二、われわれは、アウグスティヌスの観想者としての姿から、多宗教と多文化に対するキリスト教会の関わり方について知恵を得ることができる。アウグスティヌスは、回心の前プラトン哲学を通して不変的な存在を観た神秘的な体験を間違ったものとして捉えない。むしろ彼はその神秘体験をキリスト教的神秘体験というより健全な観想との連続線上において理解する。このように、異教の哲学をキリスト教において豊かに生かした観想者の姿に学んで、他宗教の霊的経験をキリスト教の領域においては無知の領域と認めながら、キリスト教の経験と同じものとして捉えることにも、忌み嫌うものとして排斥することにも注意を払う必要がある。そして、真理を探究し正しく理解しようとする理性的アプローチとして、互いの内面的で受動的なスピリチュアルな領域に関して対話のチャンネルを保ち、学びを深めていくことである。また、アウグステ

107

ィヌスが当時新プラトン主義をもってキリスト教の真理を理解しようとしたように、教理や伝統の固い殻に閉じ込もらず、その時代の様々な問題に答えるために、キリスト教の外の領域からキリスト教を再解釈する試みも必要であろう。こういう姿勢が、教派間の葛藤と宗教間の衝突を避け、平和な関係を維持するようにするが、キリスト者としてのアイデンティティの曖昧さにつながる危うさもあるであろう。

　第三、キリストの体である神の教会を守る名目で、異端派や堕落した信徒を非難し、必要によっては権力を用いるアウグスティヌスの教会の戦士としての姿を反面教師として、今日のキリスト教会は、神の予定と恩寵という信仰の側面からキリスト者のアイデンティティを見直し、教会と国家の関係を肯定的に解釈することもできる。つまり、愛の教師であるイエスが救い主であり、このイエスを通して自分が神によって特別な使命（愛の実践や世界平和など）のために選ばれた存在であるという選民意識を、キリスト者のアイデンティティの根底にしっかりおくことである。そして、この選民意識を広げ、国家の思想にも影響を及ぼすために、国家との協力関係を正しく発展させていくこともアウグスティヌスの姿から学べるところである。選民意識と関連して冒頭のイエスの言葉をもう一度想起してみよう。「こうしてあなた方は天におられる父の子になるためです。この方も、悪い者の上にも良い者の上にも、太陽をのぼらせ、正しい者の上にも正しくない者の上にも、雨を降らして下さるからです。」（『マタイによる福音書』5章45節）　イエスがこの箇所で強調しているのは、イエスキリストを通して啓示された恩寵の神の子として呼ばれた者は、自然界において知られる公平な神[152]のことを忘却してはいけないということである。アウグスティヌスにとっても神という存在は、キリスト教における恩寵の神でもあり、キリスト教を超えて存在する公平な神でもあった。彼は人生の中で教会と関わる恩寵の神についても、キリスト教会を超えて知られる公平な神についても探究していた。アウグスティヌスの教会の戦士としての姿を反面教師とするならば、恩寵の神の子としての選民意識を保ちつつ、キリスト教の外において公平な神によって創造され、愛される多宗教と多文化の人たちに対する連帯意識と責任意識を身に着けていくことが重要な課題になるであろう。

　以上のように、真理探究者、観想者、教会の戦士という三つの姿から、日韓のキリスト教会が学び取るべきいくつの点について考えてみた。要するに真理探究者の姿からは理性と信仰という二つの側面を失わないことを、観想者の姿

からは理性の側面に立って他宗教との関係において互いの霊的体験などの無知の領域について学び合うことを、教会の戦士からは予定と恩寵という信仰の立場に立って成熟したアイデンティティを確立することを学んだ。このような課題が実現されるためには、日韓のキリスト教会自らの努力と共に、アウグスティヌス研究者たちの協力も求められる。

7. おわりに

　以上、日韓のアウグスティヌス研究を手掛かりに日韓両教会のそれぞれの異なる一面について考察し、アウグスティヌスの真理探究者、観想者、教会の戦士としての姿に学んで今日におけるキリスト教会の課題について論じた。
　キリスト教の枠に収まらない公平な神を精神の目で把握しようとする理性的な側面と、キリスト教の権威である聖書（イエスキリスト）を通して啓示された恩寵の神を信じる信仰の側面とは、アグスティヌスにとって、魂と体の関係のように、切っても切れない関係にある。この二つの側面はアウグスティヌスの三つの姿を通してもよく現れているのである。
　アウグスティヌスに学んで、キリスト教会は理性の側面を生かして異なる学問や文化の立場から自らを客観化し、常に自らを新しく解釈しながら、外側の他者との関係を正しく保つことができる。そして、信仰の側面としてはキリスト教の歴史と伝統の立場から常に自分のアイデンティティを見つめ直し、そうすることによって、キリスト教の真理を正しく伝えるようになるであろう。このように、理性的で合理的な考え方でこの世で他者との関わりにおいて柔軟に自分を変化させながらも、信仰の根本においてはキリストの体としての教会の本質を失わないことは、400年頃新プラトン主義者で古代キリスト教父である中年のアウグスティヌスがわれわれ日韓のキリスト教会に贈る知恵なのかもしれない。

結論

　以上、『アカデミア派駁論』、『至福の生』、『秩序』、『ソリロキア 』など386年カシキアクムの初期作品と、『告白録』、『洗礼論』といった401年頃書き終えた中期作品を取り上げ、これらの作品の中から見える真理探究者、観想者、教会の戦士としてのアウグスティヌスの姿を主に思想的な側面において描いてみた。そして、彼のこの3つの姿から今日日韓のキリスト教会の現状と課題について考察することもできた。

　386年回心してから間もなくカシキアクム山荘で、神の知恵を捉える理性の力を信頼することに加え神の知恵であるキリストの権威を信じるようになったアウグスティヌスは、神は認知されるのか、至福の生は何か、この世における神の秩序（摂理）は何か、魂の不滅は証明できるのかというキリスト者にとって根本的な問題に真剣に取り組み、プラトン哲学を用いて独創的に答えようとする。このような彼の試みから、我々は神の知恵への愛に促され、自分の内側のあらゆる内部の束縛と決別しながら、自己への帰還と神への上昇を果たそうとする彼の真理探究者の姿を見ることができる。

　386頃から401年『告白録』を書き終えるまで彼は何回か観想を体験し、観想的生活を求めて生きる。『告白録』の中に紹介されている彼の過去の観想体験や現在の観想的試みなどから垣間見えるように、アウグスティヌスは、神を知り、神のものになるために、燃え上がる愛とともに死の恐怖をはじめこの世のあらゆる欲望と不安という内面の束縛を断ち切って、神的光（神の知恵）を観ようとする。ところが、彼が観想者として愛し観ようとしたものは、初期は理性の目で観ていた神的光であったが、カトリック教会の組織に入った後はその神的光がキリストの十字架を通して現れた神の憐れみという光としても捉えられるようになったということに我々は気づく。

　401年頃ドナティストを駁論するために書いた『洗礼論』においてアウグスティヌスは、神の予定と恩寵から確信と勇気を得て、今はドナティストに属していても将来救われるであろうキリストの子らを導き出し、キリストの体である教会を守るために、当時教会の外のドナティストのみならず、教会の中の回心しない偽りの信者たちに対しても攻撃的な構えを取るようになる。これらの

敵に立ち向かう教会の戦士としてのアウグスティヌスの姿から、キリストの体であり聖霊の臨在によって平和と一致が保たれる母なるカトリック教会への大いなる愛と、キリストの体である教会を切り裂くドナティストという敵への激しい憎しみとが表れる。

このようなアウグスティヌスの三つの姿は、長い間追い求めていた神の知恵に対する愛の具現であるといってもよかろう。ところが、すでに考察したように、神の知恵への愛には変化が見られることは確かである。回心直前と直後真理探究者と観想者として愛したのは、理性の目で学知を通して観ていた神の知恵という光である。その光は自分の罪と欲の習慣によってとても近づけない遠いところの光であった。その光は、キリスト教の組織に入ってからは聖書の受肉した神の知恵、すなわちイエスキリストという具体的な人物を通して啓示された神の憐みの光として理解される。さらに、キリストと神の憐みの光に対する愛は、ドナティストからカトリック教会を守るにおいては、キリストの体であり聖霊の現存する聖徒の群れでありしみもしわもない貞潔な母なる教会に対する愛へとより具体化されるようになる。このように、神の知恵に対する愛は、時間が経つにつれて、そして教会組織に深く関わるにつれて、光という遠い存在に対する愛は、イエスキリストという具体的な人物とこの人物を通して現れる神の憐れみに対する愛として表現され、さらに教会というより身近な存在に対する愛として変貌するのである。

しかし、愛の対象がより具体化していくことによって、愛の現れ方も変わっていく。遠いところの光を観ようとしたときや、キリストを通して表れる神の愛を観ようとしたときは、自分の罪と欲を敵と見なし、闘おうとした。その戦いは神への愛の表現でもあった。ところが、司教としてキリストの体である教会を守ることを神への愛として理解すると、教会の平和と一致を破壊する人たちに憤り、彼らを敵と見なす。さらに約10年後は彼らを真理へ矯正するために国家権力を用いて徹底して攻撃する。それが彼にとって敵への愛と神への愛の表現だったのである。神の知恵という光を探究する愛、イエスキリストに対する愛、教会に対する愛は、アウグスティヌスにとって同じ愛として捉えられるが、愛の現れ方においては、自分（罪と欲）を敵にするか、他人（教会分裂者）を敵とするかになってしまう。愛と憎悪が入り混じった姿は、真理探究者、観想者、教会の戦士としてのアウグスティヌスの姿であり、アウグスティヌスを聖人と信じてきた我々キリスト者が認めたくも、見たくもない自らの自画像

結論

でもあるのではなかろうか。

　それにもかかわらず、アウグスティヌスの姿を批判的に受け入れることによって、そして、我々の姿を顧み、反省することによって、神の知恵の光に照らされて生きる道が導かれるであろう。遠いところの曖昧な真理を近いところのものとするために信仰や神学の領域で具体化すること、つまり、真理を文字化、教義化、組織化することは必要である一方、皮肉にもそう堅くなっていくにつれて攻撃的に変わってしまう危険性にも気づかなければならない。アウグスティヌスを通してそれを学ばなければならないのである。それと同時に、現代教会がほとんど失った伝統として遠いところから照らされる神の光を理性的に捉える領域（神秘主義）を認め、その領域において、禁欲主義にも排他主義にも走らず、自己と他者に対するより健全な愛を取り戻す道を切り開いていくことも考えられるであろう。

　以上のような意味で、真理探究者、観想者、教会の戦士というアウグスティヌスの三つの姿は、彼を理解するにおいて、そして彼を通して教会の今後の課題を模索するにおいて役立つキーワードになるであろう。

　本書の第1章から第4章は、以下のように2014年から2015年にかけて『キリスト教文化』に4回連載されたものに加筆修正を行ったものである。
「アウグスティヌスの読まれ方①—真理探究者（カシキアクムの対話編を中心に）」『キリスト教文化』（通巻3号、2014年4月）、かんよう出版、255-269頁。
「アウグスティヌスの読まれ方②—観想者」『キリスト教文化』（通巻4号、2014年10月）、かんよう出版、168-182頁。
「アウグスティヌスの読まれ方③—教会の戦士」『キリスト教文化』（通巻5号、2015年4月）、かんよう出版、250-264頁。
「アウグスティヌスの読まれ方④—日韓の狭間で」『キリスト教文化』（通巻6号、2015年10月）、かんよう出版、282-297頁。

注

［序論］

1 金子晴勇『キリスト教思想史入門』、日本基督教団出版局、1998 年、68 - 69 頁。

2 例えば、泉治典編『アウグスティヌス』（平凡社、1977 年）、服部英次郎『アウグスティヌス』（勁草書房、1997 年）、金子晴勇『アウグスティヌスとその時代』（知泉書館、2004 年）、宮谷宣史『アウグスティヌス』（講談社学術文庫、2004 年）など。

3 H. Chadwick, Augustine, Oxford University, 1986, p.120.「神学なき伝記」と批判した H. Chadwick の指摘を、P. ブラウンは欠落したこととして認めた上、その欠落は単なる哲学や神学ではなく、アウグスティヌスが格闘した多くのテーマに重みと真剣さを与えていた、古代後期の宗教や思想のより広い背景を意識することが欠けていることを意味するという。(P. ブラウン『アウグスティヌス（下）』、221 頁)

4 ポシディウス著・P. ネメシェギ責任編集・熊谷賢二訳『聖アウグスチヌスの生涯』、創文社、1993 年、5 - 6 頁。

5 『ソリロクィア』の第 1 章は 386 年末カシキアクムで、第 2 章は 387 年初ミラノで書かれた。その後同年書かれた『魂の不滅』は元々『ソリロクィア』の第 3 章として計画されていたものである。A. Fitzgerald (ed.), *Augustine through the Ages: An Encyclopedia*, Grand Rapids: William B. Eerdmans Pub., 1999, p.807.

［第 1 章］

6 ヨハネによる福音書 20 章 29 節（私訳）。

7 『告白録』ではこの愛の体験を次のように神の御言葉の体験として表している。「主よ、疑いではなく、確かな意識であなたを愛しています。あなたはあなたの御言葉をもって私の心を突き刺しましたから、私はあなたを愛したのです。」(Confessiones X, 6, 8. Non dubia sed certa conscientia, domine, amo te. Percussisti cor meum uerbo tuo, et amaui te.) 加藤信郎はアウグスティヌスの探究の出発点が神への愛、もしくは愛としての状態 (affectio) であるという（加藤信朗『アウグスティヌス『告白録』講義』、知泉書館、2006、305 頁）。宮本久雄はアウグスティヌスの探究がこの愛の経験に動機づけられるだけでなく、究極的にはこの愛の充足を志向しているという（宮本久雄「近み・ゆえ・われ在り：アウグスティヌス『告白』十巻「記憶論」を手がかりとした自己探究」『哲学』（日本哲学会）第 48 号、1997 年、45 頁）

8 8 人のメンバーは、母モニカ、子アデオダトゥス、弟ナヴィギウス、友人アリピウス、弟子の二人の青年リケンティウスとトリゲティウス、二人の従兄弟のラスティディアヌスとルスティクスである。（清水正照訳『アウグスティヌス著作集 1』、教文館、1979 年、487 - 488 頁）

9 P. ブラウン著・出村和彦訳『アウグスティヌス伝（上）』、教文館、2004 年、121 −
126 頁。カシキアクムでの小グループ隠棲生活において、すでに修辞学校教師の公
職を辞任し、結婚も社会的名声も断念していた当時アウグスティヌスは、思索し、
祈り、他のメンバーと討論する日々を過ごしていた。その中で、彼らは自然などの
観察と対話を通して止まるところのない知的興奮の状態での生活をしていた。この
小グループには自らを思索し、形而上学的問題に答え、神的存在を観想する（観る）
ように訓練させるプログラムがあったが、幾何学や天文学などがこの訓練としてす
なわち哲学的な観想の予備学として扱われた。

10 実は対話篇は順々に書かれていない。『アカデミア派駁論』執筆の数日の間に、『至
福の生』全体と『秩序』第 1 巻も書かれた。『ソリロキア』第 2 巻は翌年ミラノへ帰っ
てから完成された。

11 P. ブラウン、前掲書、70 〜 120 頁。キリスト教への回心の前にあった、哲学への回
心の過程を簡単に紹介しよう。アウグスティヌスは 382 年当時出世を保証する弁論
術を教えていた西ローマ帝国の第二の都市カルタゴを離れ、弁論家としてのさらな
る成功の野心を抱きローマに行き、そこで約一年を過ごす。384 年そこからミラノ
に行く。ミラノで特にプロティノスや『エンネアデス』を書いたポルフュリオスな
どの新プラトン主義者の思想に大きく影響を受ける。そして、当時キリスト教の脱
世界的思想とプラトンの理想主義とを同じくみるなど、プラトン哲学とキリスト教
を結び付けようとした、シンプリキアヌスのようなキリスト教プラトン主義たちの
影響もあって、新プラトン主義をマスターするようになる。一つの源泉からすべて
の事物が流れ出、また一つの源泉に帰還するというプロティノスの宇宙観などの思
想を、アウグスティヌスは自分の思想の基礎とする。プロティノスの善と悪の力に
関する教説を通して、9 年間「聴聞者」として関わっていたマニ教を捨てるように
なる。さらに、新プラトン主義の影響で、弁論術のキャリアから哲学の生活へと回
心し、ミラノに来た時に約 1 年間接していた新アカデミアの懐疑主義的立場も捨て
るのである。

12 A. H. Armstrong, *St. Augustine and Christian Platonism*, Villanova University
Press, 1967, pp.1 − 31. A. H. Armstrong によると、アウグスティヌスはキリスト
教的プラトン主義者（Christian Platonist）と言われ、キリスト教的プラトン主義者
としての彼を理解するためには、キリスト教的プラトン主義と異教的プラトン主義
における多様さについて、また長く複雑なキリスト教的プラトン主義の伝統におけ
るプラトンの位置づけについて研究する必要があり、このような研究によって、伝
統的なキリスト教は、アウグスティヌスをはじめ、西方教会と東方教会の偉大な教
父たちや同時代の人たちとその次の世代の人たちにとって、一つの解釈（信仰）と
して理解されるという。これらに関連して、彼は次の三つのテーマを紹介する（1

～ 2）。一つ目のテーマは、魂は先天的に神性（the natural divinity）を有するかどうかに関するものである。魂は本性において根本的に変化せず、堕落せず、罪を犯さない神的存在として考えるプロティノスとポルフュリオス（234 – 305 年）のプラトン主義に対して、アウグスティヌスにとって魂は本性において神性ではなく、本質的に堕落しうる存在である。アウグスティヌスはその時代の代表的なキリスト教的プラトン主義者として、異教的プラトン主義に抵抗した。4 世紀と 5 世紀頃西方教会と東方教会の教父たちは、魂が本性によって神性をもつのではなく、神がキリストにおける恩寵によって人間に「創造された神性」を与えようとするという思想をもっていた。アウグスティヌスもそのように語ったのである（『説教 166. 4. 4』）（3 – 9 頁）。二つ目のテーマは、肉体と物質的宇宙に対する異教的プラトン主義者とキリスト教的プラトン主義者の思想に関するものである。キリスト者もプラトン主義者も、体と世界がまったく悪であるとみなし、単純に否定的な態度を取ることはない。両方とも根本的には物質的な世界は善なる神的力によって創られた善なるものであると信じる。一方、ポルフュリオスはキリストの受肉と復活の教理を全面的に拒絶したが、アウグスティヌスは彼の拒絶が新プラトン主義者たちの教えと一致しないと批判する（9 – 12 頁）。三番目のテーマは、アウグスティヌスとアウグスティヌス主義者の思想が、ほかのプラトン主義者たちとギリシャヒューマニズムに影響された異教徒たちとキリスト者たちの敵意を買ったり、彼らを心配させたりした理由についてである。このギリシャヒューマニズムとは、すべての人類を救うのが神の普遍的な意志だという思想である。アウグスティヌスは、人間の自力（自由意志）による救いの可能性を強調するペラギウスを駁論する中で、救いにおける神の恩寵の主導権を支持する。これは大多数の人類の現在の状態と未来の運命に対する悲観主義的見方で、神の普遍的で公平な善性（goodness）に対する信仰を見失ったことを意味する。神の普遍的で公平な善性は、異教徒のプラトン主義者たちとペラギウス主義者たちだけではなく、より多くの正統派のキリスト者たちの信仰の根幹であったのである（24 – 30 頁）。

13 アウグスティヌスは『アカデミア派駁論』（Contra Academicos）を『アカデミア派論』（De Academicis）ともいう（『再考録』1 巻 1 章 1 節）。

14 「ありそうな」を意味するラテン語 probabile の英語訳は probable（ありそうな、起こりそうな）である（Answer to Skeptics（The Fathers of the Church: Writings of Saint Augustine（vol.1.））, Cima, 1948）。この語は probable や probably（たぶん、おそらく）の語源になるであろう。ラテン語形容詞 probabilis（中性 probabile）は語幹 prob と接尾辞 abilis からなる。動詞 probare は承認する、賞賛するなどの意味をもち、形容詞の接尾辞 abilis は可能な、値するなどの意味をもつことから、本書では「ありそうな」以外にも「容認できる」、「承認に値する」、「賞賛に値する」な

どの意味として捉えてもよかろう。

[15] verisimile は形容詞 verisimilis の中性で、verisimilis は形容詞 verus（真実な）と形容詞 similis（似ている）からなる合成語であるため、「真実に似ているもの」「真実のようなもの」として訳すこともできるであろう。

[16] 学問（disciplina）についてはこの章の注29を参考にせよ。

[17] 「彼らとわたしとの間には、彼らには真理が見出されないということが蓋然的であると思われるが、私には見いだされうるということが蓋然的である。」（清水正照訳『アウグスティヌス著作集1』）II, 9, 23. inter quos et me modo interim nihil distat, nisi quod illis probabile visum est, non posse inveniri veritatem; mihi autem inveniri posse probabile est.

[18] ラテン語 anima は魂、animus と mens は魂または精神と訳される。カシキアクムの初期著作においてアウグスティヌスは理性的側面を強調する場合は animus と mens を用いる。彼にとって anima は人間だけではなく動物にも使われるほど一般的で広い意味をもつ。それに対して、animus は動物に使われることは徹底的に避けられる。É. Gilson によると、アウグスティヌスにおいて animus は理性的実体かつ命の原理である人間の魂を意味し、anima の最高の段階であり、時には mens と混同される（É. Gilson, *Introduction à l'étude de saint Augustin, paris:* Librairie philosophique J. Vrin, 1949, p.53, n. 1.）。

[19] 『再考録』第1巻2章。神の完全な認識がなければ至福の生は存在しないということに意見が一致した。

[20] De beata vita 4, 35. Illa est igitur plena satietas animorum, haec est beata vita, pie perfecteque cognoscere a quo inducaris in veritatem, qua veritate perfruaris, per quid connectaris summo modo.

[21] この神的数を観ることは秩序の根源、最も内なるものを観ることとしても表現される。（II, 5, 14）

[22] 清水正照訳『アウグスティヌス著作集1』、教文館、1979年、539頁

[23] ここは筆者が2013年9月11日日本基督教学会61回学術大会で発表した「魂の不滅（immortalitas animae）に関するアウグスティヌス思想の不明瞭さについて」の第2、3章をさらに発展させた『名古屋学院大学論集』（人文・自然科学篇 Vol.53 No.2、2017年）の「ソリロクィア」における魂の不死性論証の不明瞭さについて』の第2、3章に少し手を加えたものである。

[24] B. Stock, *Augustine's inner dialogue: the philosophical soliloquy in late Antiquity,* New York: Cambridge University Press, 2010, p.63-64. soliloquium という語はアウグスティヌスによる新造語であり、形容詞の solus（一人の）と動詞の loqui（語る）から成っている。アグスティヌス以前の古代の作家の中で物語と内的対話のコンビ

ネーションを用いていた人は誰もいないといわれる。そして、哲学的背景から見られるように、『ソリロクィア』は内的対話に対するプラトンやキケロなどの古代作品と、デカルトやパスカルなどの近代の作品の間で重要なつながりとしての働きをするといわれている。『ソリロクィア』のジャンルについて上記の資料の 63 頁から 76 頁を参考にせよ。

25 『ソリロクィア』第 1 巻 1 章 1 節でアウグスティヌスは、突然に自身に話しかけてきた者を理性（ratio）と名付け、それが自分自身なのか、自分の外の何者なのか、自分の内の何者なのか知らないといい、自分と理性との対話に取り組む。一般的にこの理性はアウグスティヌス自身の理性であるといわれる。ところが、J. A. Mourant のようにこの理性を神と同一視する場合もある。（J. A. Mourant, *Augustine on immortality*, Villanova, Pa.: Villanova University, 1969, p.127 の注の 3.）

26 Soliloquia I, 2, 7 A.-Deum et animam scire cupio.

27 Soliloquia I, 15, 27 R.-Ergo prius ipsa cognoscenda est, per quam possunt illa cognosci.

28 Soliloquia II, 1, 1 sed esse ut vivas, vivere ut intellegas.

29 アウグスティヌスの時代、学問（disciplina）、すなわち自由学芸（disciplinae liberals）には三学科（文法学、修辞学、弁証論）と四学科（幾何学、算数学、天文学、音楽）があったと知られている（清水正照訳『アウグスティヌス著作集 1』、教文館、1971、457 頁の注 24 を参考せよ）。アウグスティヌスは『ソリロクィア』において学問がつねに存在する真理であり、それ自身によってそれ自身において真の真理であるということによって神的真理とほとんど同じような意味として用いている（II, 11, 21; II, 13, 24）。そのため、人間は魂の中にあるその学問（真理）に向かわなければならないことになる。しかし、『再考録』（I, 3, 2）で多くの聖者は自由学芸を知らず、それを知っているある人たちは聖なる者ではないといい、その自由学芸に重きを置いたこと、つまり自由学芸が魂の不死と至福の生につながる真理探究に必要なものであると強調したこと（『秩序』I, 8, 24）に対して反省する。

30 B. Dobell, *Augustine's intellectual conversion: the journey from platonism to Christianity*, Cambridge: Cambridge University Press, 2009, p.147-151. 真理と真なるものの関係は、『ソリロクィア』の魂の不滅性に関する論証の過程において長く議論されるが、B. Dobell によると、『ソリロクィア』はアウグスティヌスが真理と真なるものを区分する本質的な面について真剣に取り組んだ最初の作品であるという。彼は『ソリロクィア』第 1 巻（I, 15, 28）における真理と真なるものをそれぞれ、滅びえない知性的世界と滅びうる感覚的世界として理解する。『ソリロクィア』第 1 巻の真理と真なるものに関する議論は、第 2 巻の神（真理）の本性と魂（真なるもの）の本性を明らかにするように意図されている。そして、彼はこの真なるものを、『告

119

白録』（VII, 2, 17）の神によって存在をもつ可変的ものと、質料が μη ον（有らぬもの）であると主張するプロティノスの思想（『エネアデス』II, 4, 16, 3; III, 6, 7, 11 – 13）に影響された『至福の性』（2, 8）の nihil（無）と aliquid（何ものか）とに関連付ける。さらにこの議論を通して彼はアウグスティヌスによる可変的なもの（真なるもの）の存在論的位置づけの不明瞭さに注目する。

[31] P. De Labriolle, *Les Soliloques*（Bibliothèque Augustinienne 1）, Paris: Desclée de Brouwer, 1949, pp.18-20.　P. De Labriolle によると、学問（真理）の不死性とその基体である魂の不死性について、魂のみが知性的生、すなわち理性を享受する生であるがゆえ、真理と本質的に関連付けられるという。そのため、真理の永遠性は真理の住まいであるこの魂の永遠性を要請するようになる。そして、このような真理と魂の不死性の関係は、不死性の原因的性質を有する真理とその性質を摂取する魂の不死性について語るプラトン（『パイドン』84a-b）の思想と関連付けられ、さらには永遠なる真理とその基体である魂について論じるプロティノスの思想（『エネアデス』IV, 7, 12）により類似している。

[32] 身体と魂の関係については『ソリロクィア』（II, 13, 23 – 24）を参考にせよ。身体が基体であり、魂がそのうちにあるものであれば、魂は身体の死によって消滅するということになる。しかし、『ソリロクィア』のアウグスティヌスにとって魂は学問（真理）と不可分離的関係であるが、身体とは不可分離的関係ではない。そのため、魂は身体の死によって影響されない。

[33] プラトンは不死性の原因的性質を有する真理と、その性質を摂取する魂の不死性とについて（『パイドン』84a-b）、プロティノスは永遠なる真理とその基体である魂について（『エネアデス』IV, 7, 12）論じた。アウグスティヌスの学問的真理と魂の不死性の関係はそれらに影響された。しかし、根本的な差異というのは、プラトンとプロティノスの魂の不死性は魂の先在の思想を前提にしている点で、アウグスティヌスのそれはそうではないということである。（中川純男『存在と知：アウグスティヌス研究』、創文社、2000 年、191 – 192 頁の注 20）

[34] 『エネアデス』IV, 7, 12 の「魂は永遠なる知識を所有しているので、自分自身も永遠であることを示しているのである」とプロティノスが言っていることは彼の魂不死論証を表しているが、これはプラトンの『メノン』における魂の先在に共通する思想を前提にしなければならない。中川純男の指摘のように、このことからプロティノスとアウグスティヌスの魂の不死論証の差異が明らかになる。（中川純男『存在と知：アウグスティヌス研究』、創文社、2000 年、191 – 192 頁の注 20 を参考にせよ。）

[35] アウグスティヌスは、『ソリロキア』のこの表現（II, 20, 35）がプラトンの想起説（『メノン』81E – 86B、『パイドン』72E）であると認め、その想起説を『三位一体』第 12 巻で論じられている神の照明説に修正する（『再考録』I, 4, 3）。

右上: 注

36 片柳栄一『初期アウグスティヌス哲学の形成』、創文社、1995 年、186 − 7 頁。学問の現臨の場としての魂と神の証明に関してはこの資料を参考にせよ。

37 R. J. O'Connell, *St. Augustine's early theory of man, A.D.386-391*, Belknap Press of Harvard University Press, 1968, p.130. O'Connell によると、カシキアクムの作品でアウグスティヌスが言いたかったすべてのことは、魂、魂の起源、魂の地位、魂の運命、魂の神性などに関するプロティノスの概念を快く実験的に試そうとしたことを指すという。

38 岡野昌雄『アウグスティヌス『告白』の哲学』、創文社、1997 年、98 頁。岡野によると、プラトン主義とキリスト教の相違を強く自覚する方向へ彼の思想が動いたことは、新プラトン主義から離れ、キリスト教を受け入れたという意味ではない。むしろ、アウグスティヌスはキリスト教的立場から新プラトン主義を解釈し、それによってまたキリスト教の教えを説明するなど、生涯新プラトン主義から離れたわけではないという。

39 学問が魂の不死と至福の生につながる真理探究に必要なものであると強調したことに対して反省する『再考録』（I, 3, 2）。

40 Cf. R. J. O'Connell, op. cit., p.185.「自分への帰還」について O'Connell の見解を紹介する。アウグスティヌスにとって魂は、真実な「私」であり、そういう意味で「自分に帰る」の裏に潜んでいる観念は、「私」を本質的に（本物の）「魂」(soul) にするということである。身体と魂からなる人間という複合体は、魂が身体へ転び落ちることによって結果的に不安な合成体になり、これが半分非本質的な（semi-accidental）一致を意味する。アウグスティヌスにとってこの転落は、魂が体と合体される前の状態に戻る必要があることを示しているように見える。これが古代哲学者たちによる人間の定義の中に含まれる真理であるとアウグスティヌスは主張する。

41 O'Donnell の見解を参考すると、自己への帰還と神への上昇の過程において、罪と欲望から自由になる倫理的上昇（the moral rise）への決断は、厳格に禁欲生活を守っていた古代哲学者たちにまさるキリスト者になるという彼の強い意志の表明であると考えられる。(J. J. O'Donnell, *Augustine: Confessions*（vol.I）, Oxford: Clarendon Press, 2000, p.xx-xli.)

42 この表現はプロティノス的表現で、哲学者が一者（神）と合一し、エクスタシス（恍惚）の状態に達することが極めてまれだという意味である。プロティノスはわずか四回しかそのような経験をしなかったといわれている。

43 P. ブラウン、前掲書、108、152 頁。

44 金子晴勇『キリスト教思想史入門』、日本基督教団出版局、1998（1983）年、45 − 54 頁。

45 トレルチ著・西村貞二訳『アウグスティヌス：キリスト教的古代と中世』、新教出版

121

社、2008（1965）年、73 - 74 頁。トレルチによると、アウグスティヌスは回心の決断までの迷いに終止符を打ち、至福の生につながる神（真理）認識の港にたどり着いた後、決定的に現世的野望を断ち切ることができたが、これらの断絶は心の浄化を意味し、この断絶こそ神認識の前提条件であるという。トレルチはこれがアウグスティヌスの中心思想だと強調した。

［第2章］

[46] ギリシャ語 $\theta\varepsilon\omega\rho\iota\alpha$ とその訳語のラテン語 contemplatio は、じっと見つめることを意味するが、観想はその日本語の訳語である。観想は宗教的意味においては普通祈りや瞑想の一種として知られている。

[47] A. Louth, *The origins of the Christian mystical tradition from Plato to Denys*, Oxford: Clarendon Press, 1981, p.xi-xii.　A. ラウスによると、キリスト教の神学の二つの側面である教義神学（dogmatic theology、神学）と神秘神学（mystical theology、霊性）は同じ時期に形成され、根本的に相互に結ばれているという。例えば、三位一体と受肉に関する基本的な教義は教義神学的に体系的にまとめられた神秘神学的教義であったのである。神秘神学はキリストの中で啓示され、聖霊を通してわれわれの内側に居住する神に対する直接的な理解に必要な状況を提供する。それに対して、教義神学は神秘神学で得られるその直接的な理解を、神秘的な神理解を助ける正確な用語で具体化しようとする。

[48] Ibid., pp.xii.　アウグスティヌスの『三位一体』は教義神学的なアプローチで読まれてきたが、実はこの書物は三位一体の神への魂の上昇についての神秘神学の書物である。オリゲネスやニュッサのグレゴリオスやアウグスティヌスなどの教父には、教義神学と神秘神学の分離はなかったが、その後、西方において起こる。教父研究にもその分離が見られる。

[49] 木村敏『時間と自己』、中公新書、2015（1982）年、6頁。

[50] 本書第2章第3節から第7節は、筆者が書いた次の研究書の第4章から第7章までの観想に関する部分を参考し、発展させたものである（文禎顥『アウグスティヌス『告白録』の ad te 研究』、かんよう出版、2014年）。

[51] P. ブラウン著・出村和彦訳『アウグスティヌス伝（上）』、教文館、2004年、98頁。

[52] J. J. O'Meara, *The young Augustine: the growth of St. Augustine's mind up to his conversion*（*2nd rev.ed*）*New York*: Alba House, 2001, p.131, 136.　アウグスティヌスは『告白録』において自分が具体的に誰の本を読んだのかについては明かさず、ただプラトン主義の本を読んだという。ところが、386年当時アウグスティヌスはプロティノスの『美について』（『エネアデス』1：6）や、少なくともプロティノスの弟子ポルフュリオスの『魂の帰還』を読んだと一般的に認められている（p.131）。

この二つの書物を通して、アウグスティヌスは強化された禁欲主義を含み、観想における知性の弱さの問題を解決してくれそうな新しい思想と可能な体験の発見に至ったのである（p.136）。

53 Ibid., p.134. ミラノでの体験をプロティノス的エクスタシスの試みと同一視することはできないという見方もある。

54 加藤信朗『アウグスティヌス『告白録』講義』、知泉書館、2006 年、187 頁。

55 P. ブラウン、前掲書（上）、100 頁。ブラウンによると、ミラノでの観想体験に関する記事は、プロティノスの新プラトン主義をより冷静でより直截的な言葉によってまとめ上げる記念碑的な記述であるという。

56 『フィリピの信徒への手紙』3 章 13 節（新共同訳）。

57 金子晴勇編（1993 年）、前掲書、110 － 118 頁。

58 P. Henry, *The path to transcendence: from philosophy to mysticism in Saint Augustine*, Pittsburgh, Pa.: Pickwick Press, 1981, pp.1-11.

59 アウグスティヌスの生まれ故郷であるタガステは、現在のアルジェリアのスーク・アッラス（Souk Ahras）である（ブラウン、前掲書（上）、23 頁）。

60 ヒッポ・レギウスは当時アフリカ第二の港町であった。アウグスティヌスの時代、千年以上の歴史をもつこの町は二百年前からはローマ市民の都市だったため、ローマ風の生活が隅々にまで行き渡っていた。5、6 千人が着席できる大劇場や、大きな公共浴場、古典的な神殿などがあったと知られている。住民たちは裕福で、穀物がヒッポの富の基盤であった（ブラウン著、前掲書（上）、195 － 197 頁）。ヒッポの民衆は、率直で外交的である一方、喜怒哀楽が激しく不安定で気紛れで、その上喧嘩っ早く、屁理屈をこね、見栄を張る気質であった。アウグスティヌスのカトリック教会に所属していた教徒は、金持と貧者、主人と奴隷が混じり合う特異な共同体を形成していたが、大部分が身分の低い人々で、彼は文盲で読み書きを知らなかったという（A. アマン著・印出忠夫訳『アウグスティヌス時代の日常生活（上）』、LITHON、2002、24 － 26 頁）

61 『ローマ人への手紙』13：13 〜 14（新共同訳）。

62 山田晶（1990 年）、前掲書、335 頁の注 3 参照。山田晶によれば、神を霊的な五感によってとらえる伝統は、すでにオリゲネスにはじまるといわれ、アウグスティヌスにはこの傾向が強いという。アウグスティヌスはこの霊的感覚を身体の感覚よりはるかに優れたものとして、非物体的神の光をとらえられる「人間の内側の感覚」（interioris hominis sensus）とも呼ぶ（『神の国』第 11 巻 27 章）。

63 アウグスティヌスは、被造物に対する自分の問いは自分の集中（注意、intentio）であり、被造物の答えはそれらの美しさだというが（X, 6, 9 interrogatio mea intentio mea et responsio eorum species eorum.）、山田晶は、この問いと答えを通して段階

的に上昇して創造者の神に至るというこのプロセスを、宇宙の中でその作者としての神に対する観想として理解する（山田晶（1990 年）、前掲書、335 頁、注8）。

[64] A. Louth, op. cit., pp.142-143. アウグスティヌスにとって、記憶とは何かを思い起こす能力以上のものとして、意識と無意識の精神全体を意味する。アウグスティヌスが魅了されたこの精神全体としての記憶は、潜在的には霊的世界全体でもある。このような考え方は次のようなプロティノスの思想を取り入れたからである。プロティノスは、感覚によって把握される可変的世界と精神によって把握される霊的世界（実在界）を区分したプラトンの思想を受け継いだが、霊的世界（実在界）を人間の内面の世界として理解しながら（『エネアデス』III,4,3）、実在界を把握するために感覚的な世界から自己へ隠遁し、自己の中に向かい、自己において集中するという一連の精神的運動に取り組んだ。

[65] X, 29, 40. Continentiam iubes: da quod iubes et iube quod uis.

[66]「なぜなら、すべて世にあるもの、肉の欲、目の欲、生活のおごりは、御父から出ないで、世から出るからです。」（新共同訳）

[67] 山田晶『アウグスティヌス：告白』、中央公論社、1990 年、369 頁の注 1 。

[68] A. Louth, op. cit., pp.144-146. 慎みと罪の病の癒しの関係については A. ラウスの次の解釈を参考にせよ。アウグスティヌスは魂に対して働きかける恩寵の神を強調する。神の恩寵は御言葉であるキリストの受肉において現れる神の謙遜を示すが、神の謙遜が人間の慎みと罪の癒しとに深く関わっている。A. ラウスによると、人間は自分が慎みからどれほど遠く離れているのかについて探究することによって、神と人間との合一（交わり）を可能にする受肉した神の言葉、イエスキリストに導かれるようになる。そして、キリストの受肉において現れる神のへりくだり（愛、恩寵）によって人間は心において自分の謙遜さに目覚める。また、この目覚められた謙遜を通して人間は自分の心が清くなることを知り、謙遜に至ることができるのである。このように、神の謙遜を意味する神の恩寵は、人間がそれに応じて答えるように覚醒させるのである。

[69]「天と地を造られた神に祝福されたあなたたちよ、「天の天」は主のものであるが、地は人の子らに与えられた。」（LXX113：23-24）"benedicti uos Domino qui fecit caelum et terram caelum caeli Domino terram autem dedit filiis hominum"；（LXX 148：4）"laudate eum caeli caelorum et aqua quae super caelum est" アウグスティヌスはこの「天の天」が『創世記』1 章 1 節の天であると主張する（XII, 2, 2)。「天の天」という表現は、『告白録』第 12、13 巻を含め、『創世記逐語注解』（I, 9, 15、I, 9, 17、I, 17, 32）と『神の国』（11, 33、12, 19）においても表れる。

[70] 時間と永遠の中間的存在について A. Solignac と J. Pépin の見解を参考にせよ。
A. Solignac によると、「天の天」は神にすがりつき、神を観想することによって時

間を超えて、時間の外にある存在、すなわち非時間性を有する存在として生きるが、この非時間性は神の永遠と等しいものではない。つまり、「天の天」という霊的被造物は時間的な存在でもなく、神のような永遠の存在でもないのである（A. Solignac, *Les Confessions*（Bibliothèque Augustinienne 13-14）, Paris: Desclée de Bouwer, 1962, pp.595-6.）

J. Pépin は、神にすがりつくことによって、時間の広がりを超え、過去と未来を無視し、時間と真実な永遠の間で中間的な位置を占めることが許されるという。これは「天の天」の創造物語において時間の不在を意味するが、「天の天」がこの非時間性の独占権を保持しているという意味ではない。（J. Pépin, Ex Platonicorum persona, *Études sur les lectures philosophiques de Saint Augustin*, A. M. Hakkert, 1977, p.46.）

[71] 「天の天」の知性について A. Solignac と J. Pépin の見解を参考にせよ。

A. Solignac は同時的（simultané）、全体的（total）、直視的（intuitif）、即時的（immédiat）知であるという（Bibliothèque Augustinienne14, Les Confessions, p.593）。

J. Pépin は「天の天」の知性が瞬間的（instantanée）、全体的（totale）、明白で（évidente）、即自的（immédiate）認識であるという。この認識から「天の天」に存在するすべての霊的被造物は、安息と甘味と幸福と照明とを引き出すという（Cf. J. Pépin（1977）, op. cit., p.45.）

[72] Ibid., XII, 15, 21. inest ei tamen ipsa mutabilitas, アウグスティヌスは『真の宗教』において神だけが不変であり、天使はその本性において可変的なものとしてみなさなければならないという。（*De vera religione* 13, 26. et Angelos natura esse mutabiles, si solus Deus est incommutabilis:）

[73] Cf. J. Pépin（1977）, op. cit., p.45.

[74] A. H. Armstrong, Spiritual or intelligible Matter in Plotinus and St. Augustine, *Avgvstinvs Magister: Congrès International Augustinien*, Paris: Etudes Augustiniennes, 1954, pp.277.

キリスト教の思想家たちが古代ギリシャの哲学者たちから受け継いだ遺産の中で最も重要な思想の一つが質料に関する哲学的教説である。この質料論はキリスト教の中に受け継がれる時、急激に変形され、発展していくという。たとえば、形相を与える神の知性から独立し、その知性と共に永遠に究極的原理になるというプラトン主義の質料や、感覚の世界において独立的原理、悪の原理であるプロティノスの質料などは、キリスト教の中では神に依存する被造物として良き存在に変わる。特に質料と形相に関する哲学的教説が、キリスト教の中で創造論と出会った時、「無形相的質料」の創造と形相の創造という創造の二つの段階が生み出されてしまう。A. H. Armstrong は、この創造の二つの段階を『創世記』冒頭の注解の中で見事に詳述し

たのがアウグスティヌスであり、それはキリスト教哲学者たちによって一般的に受け入れられるようになったという。

「無形相的質料」という用語は『知恵の書』11章18節（LXX）のいくつかの写本に表れる（A. D. Fitzgerald（ed.）, op. cit.（F. Van Fleteren, "Matter"）, pp.548）。（11:18 non enim inpossibilis erat omnipotens manus tua quae creavit orbem terrarum ex materia invisa inmittere illis multitudinem ursorum aut audaces leones）。アウグスティヌスはこの箇所からこの用語を引用しているが、アウグスティヌスの著作の中ではほとんど次のように表れる。「あなたは無形相的（見えない）質料から世界をお造りになりました」（Qui fecisti mundum de（または ex）materia informi（または invisa）"次の著作を参考にせよ。『対マニ教徒創世記注解』（I, 5, 9）、『信仰と信仰箇条について』（De fide et symbolo,393）（2, 2）、『創世記逐語注解未完書』（3, 10）、『告白録』（XII, 8, 8）、『創世記逐語注解』（I, 14, 28）と（V, 17, 35）、『律法と預言者の敵を反駁する』（Contra adversarium legis et prophetarum, 420）（I, 8, 11）。（A.-M. La Bonnardière, *Biblia Augustiniana. Le livre de la sagesse*, Études Augustiniennes（Paris）, 1970, pp.87-88（p.295）.）

[75] 『告白録』XII, 3, 3; XII, 4, 4; XIII, 7, 8; XIII, 8, 9; XIII, 14, 15; XIII, 21, 30 など。

[76] Conversio（向きかえること）と imitatio（真似ること）と formatio（形相を受けること）の意味については、A. Solignac、片柳栄一、M.-A. Vannier の資料を参考にせよ。

A. Solignac によると、第13巻の「無形相的質料」の霊的被造物は、生成の原理に向かって行う還帰の運動（conversio）によって、無形相から形相へ移動すること、つまり非類似性の淵から逃れて、霊的光として形成され生きることが可能であるという（oeuvres de Saint augustin 14, p.613）。

片柳栄一は、conversio を imitatio（御言葉を真似ること）と御言葉を認識することを同様の意味として捉えながら、魂のような霊的被造物は不変の知恵から離反して愚かに悲惨に生きる無形相的生（無形相性）から、conversio、すなわち imitatio することによって、formatio（存在の形成）を受けるという（片柳栄一『初期アウグスティヌス哲学の形成』、創文社、1995 年、383 － 385 頁）。

M.-A. Vannier は、神の愛の過剰による formatio を、『創世記』の冒頭の照明（「光あれ」）と神の中での安息という二つのイメージと関連付けて説明する。前者の照明は創造者と自己の形成に向かう被造物の回心であると同時に存在の形成と神的生への参与である。後者の神の中の安息は、聖霊の中で安らぎ神に愛される人間の愛によって自己が実現される神の中の生である（M.-A. Vannier, 《Creatio》et《formatio》 dans les Confessions", *Saint Augustin*, Paris: Cerf, 2009, pp.198-200）。

[77] 山田晶『アウグスティヌス：告白』、中央公論社、1990 年、159 頁の注10。山田晶は、

霊的被造物が神と同じ「光」といわれる御言葉、すなわち「神にひとしい形相」に似たものになる（光となる）というアウグスティヌスの照明と「光そのもの」になるというプロティノスの照明との相違点を指摘する。

78 A. Louth, op. cit., pp.xiv-xv.　A. Louth は「（神との合一のような）神との直接性を追究し、経験すること」がキリスト教的神秘主義の特徴であると述べながら、この神秘思想における三つの核心的要素を紹介する。第一、神や究極的な存在そのものを追究すること、第二、そのような神的存在以外のいかなるものにも満足しようとしないこと、第三、魂が憧れているこの対象との直接性（合一）を追究することである。ところが、神秘家たちが彼らの探究の目標と道をどのように解釈するかは、彼らが神について何を考えるかに依存し、そして、その考え自体は彼らが何を経験するかによって影響されるため、すべての神秘主義が同じであると理解しようとすることは誤りである。さらに、キリストにおいて神秘主義が存在するか否かという議論や、キリスト教の独特な宗教的現象でないものとして修道院生活のような神秘主義はそもそもキリスト教において本質的だといえるのかどうかという論争などもある。

79 Ibid., pp.xiii-xiv.　アウグスティヌスは特にプロティノスと新プラトン主義に大きく影響されるが、A. Louth の指摘のように、この新プラトン主義において強化された教義は神との直接性（合一）である。このプラトン主義の神秘主義において、人間の魂は、神との同族であり、イデア界に入ることを可能にする霊的本性を生まれつき有していると信じられる。それに対して、キリスト教において人間は神によって無から創造された被造物であり、神とはまったく同族でなく、神と人間の間に存在論的隔たりが存在する。つまり、神と直接合一でき、神との同族である人間について語るプラトン主義の教えと、神の被造物として存在論的に神から離れている人間について語るキリストの教えは明らかに対立するのである。A. Louth のこの指摘から判断すると、一つ疑問が生じる。それはミラノでの神秘体験が回心の前プラトンの書物を読んだ後のプラトン主義的出来事なのに、神に似ていない存在論的隔たりを表す表現は明らかに創造者と被造物の存在論的断絶を強調するキリスト教的な教えに関わっているということである。おそらくすでに当時カトリック教会の司教として約10年前のミラノでの出来事を回想しながら書いていたため、キリスト教的解釈が施されていたからであろう。

80 P. ブラウン著・出村和彦訳『アウグスティヌス伝（上・下）』、教文館、2004年、152 – 163頁。

81 A. Louth, op. cit., pp.xii-xiv.　教父神学は基本的に当時ヘレニズム文化と関わり、プラトンに基づいて考えることによって表現された。こうして、キリスト教においてはプラトン主義から受け継いだ魂の神への帰還と神への上昇と、神の受肉すなわち

神との交わりの可能性を提供する人間世界への降下（神の降下）という二つの要素
が存在するようになった。ところが、人間は神の似像であっても、本性においては
神と異なるため、キリスト教の神秘主義において魂の上昇と神の降下は互いにある
時点では交わることがあっても両方の間には解決されない緊張が続く。A. Louth は
このようにキリスト教神秘主義の伝統において対照的な二つの事柄について触れて
いるが、アウグスティヌスの観想における下降と上昇の構造は、神の受肉とプラト
ン哲学の神への上昇の複雑な統合から理解されなければならないであろう。

［第 3 章］

82 ここで参考にした次の資料であるが、主に用いたのは P. ブラウンのものである。P.
ブラウン著・出村和彦訳『アウグスティヌス伝（上、下）』、教文館、2004 年。(P.
Brown, *Augustine of Hippo*, (A New Edition with an Epilogue: first published in
1967 by Faber and Faber Limited), 2000.)；ポシディウス著『聖アウグスチヌスの
生涯』、創文社、1993（1963）年、37 － 54 頁。；F. W. Dillistone, *The Anti-Donatist
Writings*, R. W. Battenhouse (Ed.) "A Companion to The Study of St. Augustine",
New York: Oxford University, 1955, pp.175-202.；A. アマン著・印出忠夫訳『アウグ
スティヌス時代の日常生活（下）』、LITHON、2002 年、180 － 196、293 － 301 頁。；
H. チャドウィック著・金子晴勇訳『アウグスティヌス』、1993 年 128 － 147 頁。；金
子晴勇『アウグスティヌスとその時代』、知泉書館、2004 年、209 － 214 頁。；金子
晴勇編『アウグスティヌスを学ぶ人のために』、世界思想社、1993 年、66 － 69 頁。

83 金子晴勇、前掲書、209 頁。

84 A. アマン、前掲書、298 頁。

85 金子晴勇、前掲書、68 頁。この対立の背景にはローマ人という支配階級とヌミディ
ア（北アフリカ）人という最も低い被征服階級の差別的身分制度によるアフリカ独
自の反帝政的感情がある。このような背景からドナティスト運動はアフリカに限ら
れている。

86 P. ブラウン、前掲書（上）、220 － 224 頁。

87 H. チャドウィック、前掲書、132 頁。

88 金子晴勇、前掲書、212 頁。

89 A. アマン、前掲書、182 － 184 頁。

90 P. ブラウン、前掲書、137 － 138 頁。

91 同上、141 － 142 頁。

92 同上、211 － 212 頁。

93 同上、152 － 153 頁。

94 同上、213 － 215 頁。

注

95 同上、234 頁。

96 同上、199 − 200 頁。

97 同上、200、228 頁。

98 同上、201 頁。

99 同上、202 頁。

100 同上、230 頁。

101 この巡回僧たちは奇襲部隊のような武装略奪者の集団として彼らのほとんどは古代
のカルタゴ語のみを使う小作人であった（Cf. F. W. Dillistone, op.cit., p.179.）。アウ
グスティヌスはこの巡回僧たちが毎日いたるところで暴力を行っている光景を見て
いると証言する（『詩篇注解（1）』（392 − 422 年）10, 5）。アウグスティヌスの弟子、
ポシディウスも彼らのテロリズムについて次のように生々しく記録している。「この
ドナトゥス派の異端者たちは、…巡回僧と呼ばれていた邪悪で狂暴な人々の奇妙な
グループを持っていた。彼らの数は非常に多く、アフリカのほとんど全域にわたっ
て群れをなしていた。…もしかれらに従わないような人でもあれば、もっともひど
い損害と殴打をもって報いていた。かれらは、様々の武器を身に帯び、畑や村を荒
らし廻り、流血を見るにいたることをも意に介しなかった。…巡回僧たちは、自分
たちの誤謬の団体が衰えていくのを見て、（カトリック）教会の発展をねたんだ。か
れらは、非常に激しい怒りの炎を燃やし、一致団結して、（カトリック）教会の一致
に対して耐えがたい迫害を加えた。カトリックの司祭や聖職者にも、夜となく昼と
なく襲いかかり、かれらの持ち物をことごとく奪い去っていった。さらに、多くの
神のしもべを傷つけて不具者とした。ある人々には目の中に酢を混ぜた石灰を押し
込み、ある人は殺してしまった。その結果として、これら再洗礼を主張するドナトゥ
ス派の者たちは、自分の追従者たちからさえも憎まれるようになったのである。」（ポ
シディウス、前掲書、42 − 43 頁）ポシディウスによると、他地域を訪問するアウ
グスティヌスを捕らえるために道で待ち伏せしていた巡回僧の計略が道案内人の誤
導によって失敗に帰したこともあるという（同上、45 − 46 頁）。

102 P. ブラウン、前掲書、209 頁。

103 同上、241 − 242 頁。

104 P. ブラウン、前掲書（下）、56 − 60 頁。

105 金子晴勇、前掲書、68 頁。

106 金子晴勇、前掲書、209 頁。

107 Cf. F. W. Dillistone, op. cit., p.180.

108 『洗礼論』VII, 35, 68、クイクルのプデンティアヌスの発言、キプリアヌス『意見』
71。

109 『洗礼論』VII, 37, 72、アウサファのルキウスの発言、キプリアヌス『意見』73。

129

[110]『洗礼論』VII, 41, 80、トゥッカのホノラトゥスの発言、キプリアヌス『意見』77。

[111]『洗礼論』VII, 49, 96、カルタゴのキプリアヌスの発言、キプリアヌス『意見』87。

[112]De baptismo VI, 37, 71、キプリアヌス『意見』30。ut etsi in praeteritum quis in Ecclesia haereticos non baptizabat, nunc baptizare incipiat.

[113]Cf. F. W. Dillistone, op. cit., p.184.　カトリック教会の外であるとしても三位一体の名によって授けられた洗礼であれば有効であるという教会の古い慣習は、使徒たちの承認を得られたものとして認識されたが、215年カルタゴ教会会議においてアグリッピヌス司教がこの慣習を改正しようと提案し、その提案が採択されたということである。

[114]キプリアヌス『異端者の洗礼について司教たちの八七の意見』序文（256年教会会議の議事録序文）。

[115]H. チャドウィック著・金子晴男訳『アウグスティヌス』、教文館、1993、136頁。アウグスティヌスが教会の外においてもサクラメントの有効性を認めたことは、カトリック教会とドナティスト派の再統合の時を想定して取られた一種の政治的な措置としても捉えられる。

[116]『洗礼論』においてしみもしわもない教会は、現在まだ回心していない教会内の悪しき者たちを除いて使われているため、まるで現在的に完全に貞潔な教会のように思われる。しかし、アウグスティヌスは『再考録』（2, 17）においてはこの表現は現在的ではなく現在進行的かつ未来的に解釈すべきだという。

[117]『ヨハネによる福音書』20章22〜23節（新共同訳）。

[118]アウグスティヌスは次のようにいくつかの例外を挙げている。キリストの御名のために殉教した洗礼志願者は、洗礼を受けていなかったとしても神の国に入る可能性があり（IV, 21, 28）、洗礼を受けなかったあの強盗の場合も彼の信仰の敬虔により救いが完成される（『ルカによる福音書』23章39〜43節、IV, 23, 30）。さらに、死がさし迫ってきた時など緊急の必要に迫られたある人が異端のところに駆け込み洗礼を受けた場合、カトリック的精神においてまた平和の統一から心が遠ざからない状態であれば、その人はカトリックとして見なさざるを得ず、その洗礼は救いに役立つものになる（I, 2, 3; VI, 5, 7）。実はアウグスティヌスにとって、教会の内と外というのは、身体においてではなく心においてである。したがって、身体において外にあろうとなかろうとも、心において内にあるすべてのものは同じ洗礼の水を通し箱船の統一によって救われるのである（V, 28, 39）。

[119]アウグスティヌスはドナティスト教会においてもキリストの子が生まれる可能性を認めながらも、キリストの子を生むのは元々サクラメントを保持しているカトリック教会であってドナティスト教会ではないという（I, 10, 14）。

[120]P. ブラウン、前掲書、215頁。P. ブラウンによると、痛烈な皮肉の無知をふるうよ

注

うなアウグスティヌスの攻撃的性質の根幹には暴力的な父親と容赦のない母親の影
響があり、特に彼は新約聖書のパウロの攻撃性をキリスト者のための適切な武器と
してみなし、司教としての自分の生活にも必要なものとして考え、その攻撃性を能
力として最大限に発揮して受け入れ、鍛え上げていったという。

[121] *De baptismo* II, 10, 15 quasi non tanto sit erga illos maior misericordia et patientia
Dei, quanto magis eos partibus corripiens dat locum poenitentiae, et in hac vita
flagella ingeminare non cessat; ut considerantes quae patiantur et quare patiantur,
aliquando resipiscant:

[122] P. ブラウン、前掲書、215 頁。10 年も経たないうちに、アウグスティヌスとその友
人たちは、過酷な警察力を使って、ドナティストの破壊に取りかかるようになる。

[123] 身体においてカトリック教会の中にいるとしても、心においては離れている人、つ
まり教会の内で行為によらず言葉の上で現世を捨てて、偽って回心した人は、ドナ
ティストの場合と同じであるという（V, 18, 24; V, 24, 34; V, 28, 39）。

[124] S. J. Grabowski, *The Church; An Introduction to the Theology of St. Augustine*,
New York: Herder, 1957, pp.53-54.

[125]『ドナティストの矯正（手紙 185）』2, 7 ～ 11。（アウグスティヌス著・金子晴勇・小
池三郎訳『アウグスティヌス神学著作集』、教文館、2014 年）

[126] A. アマン、前掲書、194 頁。

[127]『ヨハネの手紙説教』（In epistulam Johannis ad Parthos tractatus）7, 8。

［第 4 章］

[128]「国会図書館（国会図書館）」http://www.nanet.go.kr/main.jsp

[129]「［教団総会決算 5］教勢統計、'信徒は栄養失調、牧師は肥満'」『ニュースエンジョ
イ新聞』2014 年 10 月 10 日。（「［교단 총회 결산 5］교세 통계, ' 교인은 영양실조 , 목
사는비만 '」『뉴스앤조이』）
（http://www.newsnjoy.or.kr/news/articleView.html?idxno=197728）

[130]「神学校の卒業生はあふれ出ているが牧会するところはない」『基督教韓国新聞』（「신
학교 졸업생은 넘쳐나는데 목회 할 곳이 없다」『기독교한국신문』）、2015 年 4 月 14 日。
（http://www.cknews.co.kr/news/articleView.html?idxno=5664）

[131]「［企画 3］無任所教師（牧師）は増えているが明確な対策はない」『ニュースエンジョ
イ新聞』（「［기획 3］무임목사 느는데 뚜렷한 대책은없어」『뉴스앤조이』）、2015 年 4
月 26 日。
（http://www.newsnjoy.or.kr/news/articleView.html?idxno=198961）

[132]「教会世襲世論認識研究発表（교회세습여론인식연구발표）」（フォーラム資料）、教
会世襲反対運動連帯、2013 年 2 月 4 日、39 頁。

(http://www.seban.kr/home/sb_library_document/4328)

[133] 「2015 変則世襲フォーラム：世襲防止法の陰（2015 변칙세습포럼：세습방지법의 그림자）」（フォーラム資料）教会世襲反対運動連帯、2015 年 5 月 26 日、5－7 頁。
(http://www.seban.kr/home/sb_library_document/20450)
韓国キリスト教会において行われている変則世襲には次のようなやり方が知られている。①支教会世襲：支教会を設立した後、子や娘婿を担任牧師にする。②交差世襲：同じ規模の二つの教会の担任牧師同士が、相手の子を担任牧師として任命する。③多者間交差世襲：三つ以上の教会が交差世襲する。④飛び石世襲：お祖父さんの教会をその孫が受け継ぐ。⑤分離世襲：複数の教会を新しく建て、その一つの教会を自分の子に任せる。⑥統合世襲：教会間の合併のような形として子の教会と親の教会が統合してそれを子に譲る。⑦親族世襲：親族の誰かに教会を受け継がせる。⑧クッション世襲：自分と親しい牧師に形式的に教会を譲った後、自分の子に譲るようにする。

[134] 同上、33－36 頁。

[135] 「教会を世襲する 5 つのやり方」『ニュースエンジョイ新聞』（교회를 세습하는 5 가지 방법』『뉴스앤조이』）、2015 年 1 月 28 日。
(http://www.newsnjoy.or.kr/news/articleView.html?idxno=198357)

[136] 宮谷宣史『アウグスティヌスの神学』、教文館、2005 年、343－344 頁。たとえば『丸血留の道』(1591)、『信人録』(1592 年)、『ぎや・ど・ぺかどる』(1599 年）に「サントアウグスチノ」、「さんとあぐすちの」という名がしばしば出てくる。1602 年にはアウグスティノ会士が日本に渡来しわずかの間布教活動をし、1602 年長崎にアウグスチノ会派のサンアグスチノ教会を建てた。

[137] 同上、344－345 頁。亜古士丁は英語名アガスチンに基づく漢字化であるという。

[138] 小野忠信「日本におけるアウグスティヌス研究」『日本の神学』（五）、1966 年、55－62 頁。

[139] 宮谷宣史『アウグスティヌスの神学』、教文館、2005 年。；宮谷宣史『アウグスティヌス』、講談社、2004 年。

[140] 小野忠信、前掲書、55－56 頁。

[141] 同上、58－59 頁。

[142] 同上、60－61 頁。

[143] 宮谷、前掲書、419－421 頁。

[144] 同上、422－423 頁。

[145] 同上、424－425 頁。

[146] 「CiNii Articles」(http://ci.nii.ac.jp/)

[147] 「JMR 調査レポート」（2014 年度）、東京基督教大学国際宣教センター、2015、5 頁。

注

[148] 『基督教年鑑』、キリスト新聞社、2006年、2015年。

[149] 柴田初男『データブック宣教の革新を求めて』、日本基督教大学国際宣教センター、2012年、40 - 41、96頁。

[150] 同上、49頁。

[151] 過去においてのみならず現在と未来においても国に対する神の働きかけを強調する傾向がある。たとえば、アウグスティヌスとカルヴァンの思想を比較研究したアン・インソプは、カルヴァンの神の統治・主権（Regnum Dei）の視座から南北統一課題を模索しながら、南北統一は神の御心として神の摂理の中で必ず成就できる歴史的出来事であると信じることが南北統一のきっかけになりうると主張する（안인섭『칼빈과 어거스틴』, 서울 : 그림심, 2012, p.12, 507, 516.）（アン・インソプ著『カルヴァンとアウグスティヌス』、ソウル：グリシム、2012、12、507、516頁））。

[152] A. H. Armstrong, op. cit., pp.27-30.　アウグスティヌスは、救いにおける人間の自由意志の重要性を強調するペラギウス主義者たちとの論争において、救いの恵みは受肉した御言であるキリストの救済の行為を通して与えられ、神のこの恵みなしに人間が自分の救いのためにできることは何もないという恩寵の教理を主張し、救いにおいては神に主導権があるというキリスト教の根本的な教理を支持した。ところが、アウグスティヌスが神の恩寵の教義を支持するにおいて、神の普遍的で公平な善性に対するシンプルな信仰を見失ったり、それを主張することができなくなった。A. H. Armstrong によると、神の普遍的で公平な善性というのは、異教徒のプラトン主義者たちとペラギウス主義者たちだけではなく、当時より多くの正統派のキリスト者たちの信仰の根幹であったという。

引用文献

1. テキスト

本書で引用・参考したアウグスティヌス著作の原文は次の通りである。

De baptismo（400/1）（PL43、BA29）

De beata vita（386）（BA4）

Confessiones（397/401）（CCSL27、BA13, 14、Pierre de Labriolle 版）

Contra academicos（386）（CCSL29、BA4）

De civitate dei（413/426）（CCSL48）

De correctione Donatistarum（ep. 185）（417）（PL33）

Enarrationes in Psalmos（392/417）（CCSL40）

In epistulam Johanis ad Parthos tractatus（406/7）（PL35）

De Genesi ad litteram（401/15）（BA48）

De ordine（386）（CCSL29）

Retractationes（426/7）（CCSL42）

Soliloquia（386/7）（BA5）

De vera religione（390/1）（BA8）

そして、日本語訳のアウグスティヌス著作として引用・参考したのは次の通りである。

『アカデミア派駁論』（清水正照訳『アウグスティヌス著作集1』、教文館、1979 年；
The Father of the Church: Writings of saint Augustine（vol.1.）, Cima, 1948.

『神の国』（泉治典訳『アウグスティヌス著作集13』、教文館、1981 年）

『告白録』（山田晶訳『アウグスティヌス：告白』、中央公論社、1990 年）

『再考録』（『アウグスティヌス著作集』、教文館；The works of Saint Augustine: a
translation for the 21st century（pt. 1; v. 2）, New City Press, 2010.

『至福の生』（清水正照訳『アウグスティヌス著作集1』、教文館、1979 年）

『詩篇注解 (1)』（今義博・外三人訳『アウグスティヌス著作集 18/I』、教文館、1997
年）

『真の宗教』（茂泉昭男訳『アウグスティヌス著作集2』、教文館、1979 年）

『洗礼論』（金子晴勇訳『アウグスティヌス著作集8』、教文館、1984 年）

『創世記注解 (1)』（片柳栄一訳『アウグスティヌス著作集16』、教文館、1994 年）

『ソリロキア』（清水正照訳『アウグスティヌス著作集1』、教文館、1979 年）

『秩序』（同上）

『ドナティストの矯正（手紙 185）』（アウグスティヌス著・金子晴勇・小池三郎訳『ア
ウグスティヌス神学著作集』、教文館、2014 年）

『ヨハネの手紙説教』（岡野 昌雄・外二人訳『アウグスティヌス著作集 26』、教文館、
2009 年）

聖書は次のテキストを引用・参考した。

Vulgata

新共同訳

2. 研究書および論文（アルファベット順）

2. 1. 欧文

A. H. Armstrong, Spiritual or intelligible Matter in Plotinus and St. Augustine, *Avgvstinvs Magister: Congrès International Augustinien*, Paris: Etudes Augustiniennes, 1954, pp.277–283.

A. H. Armstrong, *St. Augustine and Christian Platonism*, Villanova University Press, 1967.

H. Chadwick, *Augustine*, Oxford University, 1986.

P. De Labriolle, *Les Soliloques* (Bibliothèque Augustinienne1), Paris: Desclée de Brouwer, 1949.

F. W. Dillistone, *The Anti-Donatist Writings*, R. W. Battenhouse (Ed.) "A Companion to The Study of St. Augustine", New York: Oxford University, 1955.

B. Dobell, *Augustine's intellectual conversion: the journey from platonism to Christianity*, Cambridge: Cambridge University Press, 2009.

É. Gilson, *Introduction à l'étude de saint Augustin, paris:* Librairie philosophique J. Vrin, 1949.

S. J. Grabowski, *The Church; An Introduction to the Theology of St. Augustine*, New York: Herder, 1957.

P. Henry, *The path to transcendence: from philosophy to mysticism in Saint Augustine*, Pittsburgh, Pa.: Pickwick Press, 1981.

A. Louth, *The origins of the Christian mystical tradition from Plato to Denys*, Oxford: Clarendon Press, 1981.

A.-M. La Bonnardière, *Biblia Augustiniana. Le livre de la sagesse*, Études Augustiniennes (Paris), 1970.

J. A. Mourant, *Augustine on immortality*, Villanova, Pa.: Villanova University, 1969.

R. J. O'Connell, *St. Augustine's early theory of man, A.D.386-391*, Belknap Press of Harvard University Press, 1968.

J. J. O'Donnell, *Augustine: Confessions* (vol.I), Oxford: Clarendon Press, 2000.

J. J. O'Meara, *The young Augustine: the growth of St. Augustine's mind up to his*

引用文献

conversion（2nd *rev.ed*）*New York:* Alba House, 2001.

J. Pépin, Ex Platonicorum persona, *Études sur les lectures philosophiques de Saint Augustin*, A. M. Hakkert, 1977.

A. Solignac, *Les Confessions*（Bibliothèque Augustinienne 13-14）, Paris: Desclée de Bouwer, 1962.

B. Stock, *Augustine's inner dialogue: the philosophical soliloquy in late Antiquity*, New York: Cambridge University Press, 2010.

M.-A. Vannier, 《Creatio》 et 《formatio》 dans les Confessions", *Saint Augustin*, Paris: Cerf, 2009.

2. 2. 邦語、邦訳およびその他（ひらがな順）

안인섭『칼빈과 어거스틴』, 서울 : 그림심, 2012.（アン・インソプ著『カルヴァンとアウグスティヌス : 教会のための神学』、ソウル : グリシム、2012 年）

A. アマン著・印出忠夫訳『アウグスティヌス時代の日常生活（下）』、LITHON、2002 年。

岡野昌雄『アウグスティヌス『告白』の哲学』、創文社、1997 年。

小野忠信「日本におけるアウグスティヌス研究」『日本の神学』（五）、1966 年。

片柳栄一『初期アウグスティヌス哲学の形成』、創文社、1995 年。

加藤信朗『アウグスティヌス『告白録』講義』、知泉書館、2006 年。

金子晴勇『アウグスティヌスとその時代』、知泉書館、2004 年。

金子晴勇『キリスト教思想史入門』、日本基督教団出版局、1998 年。

金子晴勇編『アウグスティヌスを学ぶ人のために』、世界思想社、1993 年。

木村敏『時間と自己』、中公新書、2015 年。

柴田初男『データブック宣教の革新を求めて』、日本基督教大学国際宣教センター、2012 年。

H. チャドウィック著・金子晴男訳『アウグスティヌス』、教文館、1993 年。

トレルチ著・西村貞二訳『アウグスティヌス : キリスト教的古代と中世』、新教出版社、2008 年。

中川純男『存在と知 : アウグスティヌス研究』、創文社、2000 年。

P. ブラウン著・出村和彦訳『アウグスティヌス伝（上、下）』、教文館、2004 年。（P. Brown, *Augustine of Hippo: a biography*（A new ed. with an epilogue）, University of California Press, 2000.）

ポシディウス著・P. ネメシェギ責任編集・熊谷賢二訳『聖アウグスチヌスの生涯』、創文社、1993 年。

宮谷宣史『アウグスティヌスの神学』、教文館、2005 年。

宮谷宣史『アウグスティヌス』、講談社、2004 年。

宮本久雄「近み・ゆえ・われ在り：アウグスティヌス『告白』十巻「記憶論」を手が
　　かりとした自己探究」『哲学』（日本哲学会）第 48 号、1997 年。
文禎顯『アウグスティヌス『告白録』の ad te 研究』、かんよう出版、2014 年。
文禎顯「ソリロクィア」における魂の不死性論証の不明瞭さについて」『名古屋学院大
　　学論集』（人文・自然科学篇（Vol.53 No.2）、2017 年。
山田晶『アウグスティヌス：告白』、中央公論社、1990 年。

3. その他

A. Fitzgerald (ed.), *Augustine through the Ages: An Encyclopedia*, Grand Rapids:
　　William B. Eerdmans Pub., 1999.
「JMR 調査レポート」（2014 年度）、東京基督教大学国際宣教センター、2015 年。
『基督教年鑑』、キリスト新聞社、2006 年、2015 年。
「［教団総会決算 5］、教勢統計、'信徒は栄養失調、牧師は肥満'」『ニュースエンジョ
　　イ新聞』2014 年 10 月 10 日。（「［교단 총회 결산 5］교세 통계, '교인은 영양실조,
　　목사는비만'」『뉴스앤조이』）
　　（http://www.newsnjoy.or.kr/news/articleView.html?idxno=197728）
「神学校の卒業生はあふれ出ているが牧会するところはない」『基督教韓国新聞』（「신
　　학교 졸업생은 넘쳐나는데 목회 할 곳이 없다』『기독교한국신문』）、2015 年 4 月
　　14 日。
　　（http://www.cknews.co.kr/news/articleView.html?idxno=5664）
「［企画 3］無任（無所属）牧師は増えているが明確な対策はない」『ニュースエンジョ
　　イ新聞』（「［기획 3］무임목사 느는데 뚜렷한 대책은없어」『뉴스앤조이』）、2015
　　年 4 月 26 日。
　　（http://www.newsnjoy.or.kr/news/articleView.html?idxno=198961）
「教会世襲世論認識研究発表（교회세습여론인식연구발표）」（フォーラム資料）、教会
　　世襲反対運動連帯、2013 年。
　　（http://www.seban.kr/home/sb_library_document/4328）
「2015 変則世襲フォーラム：世襲防止法の陰（2015 변칙세습포럼：세습방지법의 그림
　　자）」（フォーラム資料）教会世襲反対運動連帯、2015 年。
　　（http://www.seban.kr/home/sb_library_document/20450）
「教会を世襲する 5 つの方法」『ニュースエンジョイ新聞』（교회를 세습하는 5 가지 방법」
　　『뉴스앤조이』）、2015 年 1 月 28 日。
　　（http://www.newsnjoy.or.kr/news/articleView.html?idxno=198357）
「국회도서관（国会図書館）」（http://www.nanet.go.kr/main.jsp）

あとがき

　本書がこの世に出るようになったきっかけは、2013 年 12 月 31 日に届いた一通のメールである。そのメールの内容というのは、「アウグスティヌスの読まれ方—日韓のはざまで」というような主題で連載の構成（全 4 回）を検討していただくことは可能なのかという『キリスト教文化』（かんよう出版）の編集人、松山健作氏からの連載依頼であった。当時、韓国から留学生として日本に来て 41 歳でやっと博士学位（神学）を取得したばかりの筆者は、まだ定職についていない頃だったため、研究に対する自信の喪失や将来への不安や経済的な問題などで毎日悩んでいた。そのような時期に、受けた突然の連絡は筆者に日本で続けて頑張れるように意欲を与える一筋の希望の光であった。松山健作氏にこの場を借りて改めて感謝の気持ちを伝える。そして、松山健作氏に筆者のことをご紹介くださった関西学院大学人間福祉学部教授の嶺重淑先生にも謝意を表したい。また、本書の出版に至るまでの諸過程において丁寧に対応していただいたかんよう出版社長、松山献氏に心より感謝する次第である。

2017 年 10 月　名古屋市熱田区の研究室にて

文　禎顥

索　引
（アウグスティヌスは除く）

あ

アカデミア派（新アカデミア派）　11〜14
アグリッピヌス　77, 130
アリピウス　115
アルル教会会議　70, 71, 78
アンブロシウス　19, 39, 42, 102
石原謙　102
ウァレリウス　71
『エネアデス』　40, 41, 119, 120, 122, 124
『エフェソの信徒への手紙』　38, 68, 82, 89
オスティア　42〜45, 49, 53, 56〜63, 66, 67, 71
オリゲネス　31, 122, 123
恩寵の神　95, 108, 109, 124

か

カエキリアヌス　70
『雅歌』　82
学知（学問）　13, 15, 22, 23, 25〜28, 30, 47, 119〜121
カシキアクム　7, 10〜11, 27, 30〜31, 33, 35, 42, 43, 62, 69, 70, 92, 111, 115, 116, 118, 121
『神の国』　28, 96, 97, 102, 123, 124
『ガラテヤの信徒への手紙』　80
カラマ　6
カルタゴ　6, 39, 70, 71, 73, 77, 105, 106, 116
カルタゴ教会会議　75, 77, 85, 130
カルヴァン　96〜98, 103, 133
川又吉五郎　101
キケロ　11, 39, 102, 118
キプリアヌス　75, 76, 78, 79, 80, 85, 86, 130
窮乏　17〜19
教会世襲（直系世襲、変則世襲）　100, 101, 106, 132
教会の古い慣習　77, 78, 86

教義神学　35, 64, 65, 122
キリスト教的プラトン主義者　10, 116, 117
キリストの権威　28, 30, 31, 33, 111
クレメンス　31
合一　39, 53, 54, 56, 62, 121, 124, 127
公平な神　95, 108, 109
『コリントの信徒への手紙一』　84
コンスタンティヌス　70

さ

最高の規範　19, 20, 23
『再考録』　21
『三位一体』　102, 122
『詩篇』　50
『詩篇注解』　102, 129
充実　18, 19
『出エジプト記』　41, 69
巡回僧たち　72, 129
シンプリキアヌス　42, 116
真なるもの　12, 14, 24〜26, 119
『真の宗教』　102, 125
神秘神学　35, 64, 65, 122
聖アントニウス　42
『創世記』　54, 55, 124, 126
『創世記逐語注解』　52, 102, 124, 126

た

タガステ　45, 71, 123
田中達　101
『魂の帰還』　123
魂の規範　18, 19
『魂の不滅』　115
探究の秩序　21〜24
蔡弼近（チェピルグン）　96
『知恵の書』　126
ディオクレティアヌス帝　70
ドナティスト　7, 8, 69〜74, 76, 78〜91, 111,

141

112, 130, 131
『ドナティストの矯正（手紙185）』 73, 93,
　131
ドナティスト鎮圧令　73
ドナトゥス　70

な

西田幾多郎　101

は

『パイドン』120
パウロ　10, 27, 42, 43, 72, 88, 89
比較協議会　73
引き渡し者たち　70
引き渡し　71
ヒッポ（ヒッポ・レギウス）　6, 45, 70〜73,
　85, 123
『フィリピの信徒への手紙』　44
フェリックス　70
プラトン　15, 27, 39, 42, 63, 102, 116, 118,
　120, 124, 127
プロティノス　27, 40〜42, 44, 63, 102, 116,
　117, 119〜124, 127
ペラギウス　70, 117
ペラギウス主義者たち　7, 117, 133
ポシディウス　6, 115, 128, 129
ホノリウス　73
『ホルテンシウス』　38
ポルフュリオス　39, 116, 117, 123

ま

マクシミアヌス派　76, 77
『マタイによる福音書』　32, 38, 67, 69, 80, 82,
　95
マニ教　38, 116
ミラノ　10, 11, 38, 39, 42〜45, 49, 53, 56〜63,
　66, 67, 115, 116, 123, 127
『民数記』　87
無任所教師（牧師）　99, 100, 131
モニカ　43, 45, 71, 115

や

矢内原忠雄　102

ユスティノス　31
容認・承認されうること（容認・承認されう
　るもの）　12〜14
『ヨハネの手紙第一』　48

ら

リケンティウス　20, 21, 115
『ローマの信徒への手紙』　40, 89

著者紹介

文禎顯（ムン・ジョンホ）

1971年、韓国生まれ。名古屋学院大学准教授。関西学院大学神学研究科にて神学博士号（Th.D.）取得。古代キリスト教思想史、スピリチュアルケア専攻。著書として『アウグスティヌス『告白録』の ad te 研究』、『あなたの死、そして、わたしの死—大人のための2つの童話—』、『癒しのメモリア—消えない愛を知るために—』（いずれも、かんよう出版、2014年）、『純粋な夜の向こうへ—新たな出発のために—』、『うつ物語—プラトン『国家』の洞窟寓話の現代的解釈』（いずれも、かんよう出版、2015年）。

アウグスティヌスをどう読むか—日韓のはざまで—

2018年3月10日　発行　　　　　　　　　　　　　Ⓒ文禎顯

著　者　文　禎顯
発行者　松山　献
発行所　合同会社 かんよう出版
　　　　〒550-0002　大阪市西区江戸堀2-1-1 江戸堀センタービル9階
　　　　電話 06-6556-7651　FAX 06-7632-3039
　　　　http://kanyoushuppan.com　info@kanyoushuppan.com
装　幀　堀木一男
印刷・製本　有限会社 オフィス泰

ISBN978-4-906902-90-3　C0016　　　　　　　　　Printed in Japan